복음, 시장 한복판에 서다

복음, 시장 한복판에 서다

변혁을 이끄는 크리스천 라이프 스타일

초판 1쇄 인쇄 2024년 4월 9일
초판 1쇄 발행 2024년 4월 18일

지은이	이다니엘
발행인	강영란
사업총괄	이진호

발행처	샘솟는기쁨
출판등록	제 2019-000050 호
주소	서울시 중구 수표로2길 9 예림빌딩 402 (04554)
대표전화	02-517-2045
팩스(주문)	02-517-5125
홈페이지	https://blog.naver.com/feelwithcom
전자우편	atfeel@hanmail.net

편집	박관용 권지연
마케팅	이진호
디자인	트리니티
제작	아이캔
물류	신영북스

복음,
시장 한복판에 서다

변혁을 이끄는 크리스천 라이프 스타일

이 다 니 엘 지음

A CHRISTIAN LIFESTYLE THAT LEADS
TO HOLISTIC TRANSFORMATION

샘솟는기쁨

너무나 영적이고 너무나 현실적인 책

아브라함 카이퍼의 영역 주권에 비즈니스 세계도 포함되어 있다. 대한민국의 직장인 대부분이 '피로사회'를 살고 있는 가운데, 이 책은 한 줄기 빛을 제공한다. 일터, 가정, 교회라는 세 가지 영역을 따로 살아가는 것이 아니라 복음이라는 하나의 주제가 세 영역을 관통하게 해준다. 복음은 우리의 삶 전체를 변화시키는 능력이다. 특히 이 책은 하나님의 나라를 위해, 이웃을 사랑하는 삶을 위해 우리의 비즈니스가 어떻게 사용되어야 하는지 큰 지도를 보여준다. 인생은 숲이 빽빽한 산을 등산하는 여정 같다. 이런 지도 하나 가지고 있다면 삶의 여정에서 길을 잃어버리지 않을 것이다. 복음은 우리 현실과 동떨어진 것이 아니라 언제나 시장 한복판에서 울려 퍼져야 할 노래다.

고상섭 | 그사랑교회 담임목사

이 책은 세상과 교회, 성과 속, 비즈니스와 선교를 구분한 채 무기력하거나 혹은 끌려다니는 그리스도인과 기독교 생태계에 사자후를 토하고 있다. Business As Mission에 대한 전방위적 메시지를 담으면서, 이론부터 실제까지 다양한 방식으로 그 개념을 소개한다. 일선 목회자로서 감사하고 좋은 것은 현장 중심으로 교회와 성경을 재해석해 나가는 제안이 아닌, 성경적 근거와 선명한 복음에 근거하여 신학적 합의 내용을 토대로 적용하고자 분투한 현장 이야기를 담고 있다는 점이다. 여러 사례들이 마음을 울린다. '이런 사람도 있다!' '이런 가능성도 있다!'는 것을 보여줌으로써 어느덧 하나님 나라의 비전을 보게 되는 가슴 벅참이 있다. 나아가 화자인 저자가 관조자가 아니라 그렇게 살아내려 충돌했던 일상 이야기를 담고 있기에 한결 더 와닿는다. 저의 주 독자와 청자층은 30대이고, 한창 사회생활에 매진하는 세대인데, 마침 그런 이들에게 기꺼이 추천하고 싶은 귀한 책이 발간되어 고마울 따름이다. **손성찬 | 이음숲교회 담임목사**

저자는 오랫동안 자신의 일상, 공동체, 그리고 비즈니스 현장에서 직접 선교적 삶(Missional Life)를 살고, 한국 교회와 다음세대들에게 일터 영성과 선교적 삶을 강의하며 큰 영향을 미쳤다.

본 책은 피상적 스토리가 아니라 저자의 경험이 녹아져 있는 다양한 선교적 스토리들을 담고 있다. 예수님 처럼 일상에

서 성육신적 선교를 실천하고 성속 이원론을 극복하고자 하는 독자들이 꼭 읽어 보시길 적극적으로 추천한다. **주상락 | 미국 바키대 학원대학교 교수, 선교적상상력 연구소장**

이다니엘 목사는 '이중문화의 사람'이다. 바울이 히브리인이며 로마인이었듯이 그는 목사이며 비즈니스 리더다. 교회와 세상이 모두 하나님의 세계임을 천명하며 선교적 삶을 산다. 그의 선교 이야기는 너무나 영적이고 너무나 현실적이어서, 말씀이 육신이 되어 세상에 오셨고 또 우리를 세상으로 보내시는 예수님을 생각나게 한다. 이 시대 크리스천들을 향한 그의 권면에는 그 흔한 기독교 슈가 코팅이 없다. 교회 안 안전지대에 숨지 말고 회사의 업무와 인간관계 속에서 성육신적으로 투신하여 '복음을 아는 자'답게 살 것을 격려한다. 자, 우리 함께 복음적이고 총체적인데 목양적이기까지 한 이 씨알 있는 이야기 속으로 들어가 보자. 경험하지 못했던 진정성을 맛볼 것이다. **최욥 | 선교한국 사무총장**

복음은 살아있고 운동력이 있어서 시대와 세대의 변화에서도 강력하다는 것을 이 책 『복음, 시장 한복판에 서다』를 통해 확인할 수 있다. 복음은 교회 건물 안만이 아닌 우리가 살아가는 사회에서 작동하고 있으며, 청년과 다음세대는 진정한 복음을 경험하고 본인의 영역에서 풀어내고자 하는 이들로 가득하

다. 이 책은 단순히 한 사람의 여정을 기록하기보다 지금 이 시대 한 사람의 그리스도인으로서 무엇을 위해 어떻게 살아가야 하는지 고민하게 한다. 하나님의 선교는 오늘도 수많은 비즈니스 현장에서 펼쳐지고 있지만 그 시작은 작은 한 사람의 내면에서 시작된다는 것을, 내면으로부터 시작된 힘은 자기 자신을 넘어 가정, 학교, 캠퍼스, 일터 모든 곳에 '복음'의 능력을 나타냄을 확인할 수 있다. 저자의 사명 선언문 '지금 이 시대의 크리스천이 크리스천답게 인생을 살도록 이끄는 것'이 이미 한 사람을 통해 이뤄지고 있고 그 일은 오늘도 살아있는 '복음'임을 이 책을 통해서 도전받기를 바란다. **조성민 | Isaiah6tyOne 간사**

비즈니스 세계에서 예배자로 살아가는 것에 대해 단 한 권의 책을 추천해야 한다면 나는 주저 없이 이 책을 추천하고 싶다. 세상에서 복음적 삶을 산다는 것이 무엇인지 질문하는 자들은 많지만 명쾌한 답을 찾기는 어려운 것이 현실이다. 저자는 하나님 나라 복음을 바탕으로 깊은 성경적 토대와 풍부한 이야기를 유려하게 넘나들고, 동시대에 대한 깊은 이해와 스스로의 경험을 바탕으로 청년들의 공감을 이끌어 내는 탁월함을 보여준다. 이 책은 시장(Marketplace)에서 예배자로 서는 것에 관한 성경적 근거를 찾는 이들과 그것의 실제가 무엇인지 배우고자 하는 이들을 위한 지침서이다. **김준영 | 제이어스, ㈜자이온앤컴퍼니 대표**

존 러스킨(John Ruskin)은 "강단에서 순교자가 나오듯 시장 거리에서도 순교자가 나오리라"고 외친 바 있다. 그렇다. 순교자 목사, 선교사, 의사가 있는 것처럼, 순교자 기업인, 순교자 부장, 순교자 상무도 있어야 한다. 우리는 시장 한복판에서 순교자가 되어야 한다. 일터 현장은 매일 우리가 접하는 가장 치열한 선교지다. 물론 비즈니스 세계에서 복음의 진리를 어떻게 구현할지 갈피를 잡기 어려운 것 또한 사실이다. 이다니엘 목사님의 『복음, 시장 한복판에 서다』는 단순히 BAM 이론을 넘어 저자 자신과 다른 이들의 생생한 경험을 통해 비즈니스 속에서도 우리의 신앙과 가치관이 발현될 수 있음을 보여준다. 그 삶의 증거들은 우리에게 성속 이원론을 극복하고 온전한 일터 현장에서 복음이 빛나도록 이끌어줄 소중한 지침이 될 것이다. **도현명 | 임팩트스퀘어 대표**

회사를 창업하고 15년이 흘렀다. 마태복음 25장 40절 말씀이 미션(기업의 존재이유)이고, 많은 크리스천이 동역하는 기업이지만, 비즈니스를 통하여 하나님 나라를 이룬다는 것은 결코 쉬운 일이 아니다. 자본주의 시장에서 고객이 무엇을 통해 더 큰 가치를 경험할 수 있을지, 회사에서 인생의 대부분을 쏟고 있는 직원이 어떻게 하면 더 행복하게 일할 수 있을지, 정직하게 본질을 지키면서 몇십억, 몇백억의 매출을 내고 성장하는 것이 얼마나 힘든 일인지, 솔직히 잠을 못 이룰 때가 적지 않다. 그렇

게 비즈니스를 하다가 몇 달에 한 번씩 이다니엘 목사님을 만난다. 그럴 때마다 한마디 격려로, 말씀 한 구절로, 환한 미소만으로도 큰 위로를 받는다. 이 책은 기업가, 창업을 준비하는 사람은 물론, 직장에 다니면서 하나님 뜻대로 살고 싶은 사람이면 누구나 읽어보길 추천한다. 책 속에 담긴 한 구절, 한 구절을 통하여 위로와 영감을 얻게 될 것이고, 삶 속에 적용할 보배 같은 구절을 메모장에 적게 될 것이다. **임정택 | ㈜향기내는사람들, 히즈빈스 대표**

크리스천 기업인의 한 사람으로서, 책을 읽는 동안 이 책이 '지금 내가 몸 담고 있는 일터 현장이 하나님이 성도에게 주신 선교적 부르심과 어떤 관계가 있을까' 질문하는 모든 크리스천에게 답을 줄 수 있겠다 생각했다. 나아가 '우리의 비즈니스가 어떻게 하나님 나라의 확장과 연결을 위한 현장 기반의 선교적 역할을 할 수 있을지' 깊게 고민하게 하며 끊임없이 과제들을 던진다. 최근 7년간 앤스페이스를 운영하면서 동시에 IBA에서 진행한 '청소년 BAM 스쿨' 현장 강사로 참여해 왔다. 여러 학교 고등학생들이 매번의 수업을 통해 하나님 안에서 귀한 깨달음을 얻고 크리스천 사회인으로서의 소양을 얻는 모습을 보며 나름의 보람을 느꼈다. 이 책을 통해 지금 이 시대 청소년, 대학생, 청년들이 건강한 복음을 통해 비즈니스 세계 속 건강한 하나님의 백성으로 성장하기를 기대해 본다. **정수현 | 앤스페이스 대표**

복음, 시장 한복판에 서다

기독교 대안교육 현장에서 고등학생에게 일터 현장 속 크리스천의 삶을 가르쳐 줄 사람을 찾았고, 그 사람 이다니엘 사무총장을 서울시청 광장에서 만났다. 이 책을 읽노라니 그날 첫 만남의 느낌이 생생히 살아난다. 마치 하나님 나라 삶의 숲을 거니는 느낌이다. 한 개인의 삶 을 통해 숲을 만나고, 세상 곳곳 킹덤 비즈니스들을 통해 숲길에 들어서며, 로잔운동의 케이프타운선언문으로 이어지는 숲길을 통과해, 지금 이 시대 청소년을 양육하는 깊은 지점에 이르게 된다. 그 모든 산책길이 '하나님의 말씀'으로 뿌리와 뿌리가 서로 연결된 거대한 숲이라는 것을 알게 된다. 그 순간 숲의 이야기가 나에게 질문으로 다가온다. "너는 어떻게 살래?" 이 농도 짙은 하나님 나라 이야기에 많은 이들이 초대되기를 바란다. **장한섭 | 이야기학교 교장**

지금 이 시대, 학교 현장의 학생들에게 그리스도인답게 살아가는 모습을 가르치기는 참 어렵다. '그리스도인'이란 개념을 교육적으로 한 번 더 숙성시켜 전달하지 않으면 투박하기 짝이 없다. 성육신 사건을 교육적으로 풀어내기 어려운 이유이기도 하다. 자본주의 총아라 하는 시장 한복판에서의 복음은 어떤가? 수많은 교회조차 엄청난 자본에 매몰되어 세속화되기를 반복하는 이때 자본으로 투영되는 인간의 탐욕 앞에서 '복음'을 이야기하는 것은 그 세력에게 한 판 붙자는 거다! 그런 면에서 보란 듯이 자신의 삶 속에서 복음을 두고 몸부림치며 동료와

후학을 키우는 저자의 굴기를 지지하고 싶다. 저자가 바라본 시장통이란, 전능자의 성육신이 가장 낮은 곳을 향한다는 것을 가정할 때 가장 궁극적인 곳이다. 글을 읽으며 주먹이 불끈불끈 쥐어진다. 책 안에 담긴 다양한 기업 사례들은 복음을 일터 현장에 적용하는 것을 고민하는 기업가나 직장인에게 좋은 길라잡이가 될 것이다. **이상찬 | 별무리학교 교장**

청년들의 고민을 듣는 자리에서 나오는 80%의 질문이 "이것은 죄인가요? 하지 말아야 하나요?"이다. 특히 크리스천이면 화내면 안 되는지, 복음 전도를 어떻게 해야 하는지를 질문한다. 크리스천 직장인 청년들은 착하게 살아야 한다는 압박감, 전도자로 살지 못하는 삶에 대한 두려움을 가지고 있다. 이런 질문을 받을 때마다 예수님이 얼마나 변혁적인지, 당시 가치와 관습을 넘어 어떻게 복음의 본질을 삶으로 보여준 분인지를 전하고 '그리스도인처럼'이 아닌 '그리스도인'으로 살아가기를 도전하자고 한다. 그런 면에서 저자는 복음으로 관통된 선교적 삶이 어떤 것인지 자신의 삶으로, 또 살아있는 예시로 적어 내려갔다. 이 책을 삶의 현장에서 복음을 아는 자로 생명력 있게 살아가는 모든 분께 추천한다. **정은진 | 진로와소명연구소장, 오두막지기**

복음은 힘이 세다

나는 의심이 많다. 냉소적이고 삐딱하다. 자주 실망하고 삐진다. 10대, 20대, 30대도 그랬지만, 사역자로 살아가는 40대 후반인 지금도 별반 다르지 않다. 하나님께도 그런다. 기독교 신앙 체계에 대해서도 그런다. 자꾸 의심하고 맘에 안 들어 하고 돌아서려 한다. 그러니 하나님이 보시기에 내 삶은 매 순간 위태롭지 않았을까.

목사 친구들과 대화 중에 문득 "나를 굳이 목사로 삼으신 이유는 무엇일까?"라고 질문을 던진다. 모두들 진지한 표정으로 바뀐다. "아무리 봐도 얘는 목사 삼지 않으면 교회에 남아 있지 않을 것 같아서!"라고 하면 여지없이 폭소가 터진다. 이 반응은 친구들이 나를 보며 공감한다는 의미가 아닌가. 사실 그것이 나의 진심이기도 하다. 어디든 쉬이 도망가지 못하도록 목사로 삼아 거룩한 족쇄를 채우신 게 분명하다.

하나님은 성공하셨다. 거룩한 족쇄 덕분에 이다니엘이라는 한 사람이 이 시대를 살아가며 하나님을 향한 믿음과 사랑 또 헌신이 날마다 더해 가고 또 깊어지고 있으니 말이다. 돈의 힘이 우리의 삶을 좌지우지하고 과학기술이 범람하며 대중문화의 힘이 날로 강력해는 지금, 나는 오늘도 하나님은 살아 계시다고, 사도행전의 역사는 계속되고 있다고 확신을 가지고 외치고 있다.

코로나 팬데믹 이전에 그랬듯이 자본, 기술, 문화의 폭주가 여전히 계속되고 있다. 아니 또 몇 단계 버전업이 되어 기존의 주식과 부동산, 가상 자산은 물론 인공지능의 진화, 글로벌 ESG 정책 등 다양한 이슈들이 연일 쏟아져 나온다. 경제 양극화는 계속 심화되어 부익부 빈익빈의 골이 깊어지고, 국가마다 사회마다 분열하고 다투고 있으며, 환경 파괴와 자원 고갈, 기후 변화를 포함한 창조 세계 돌봄에 관한 사건 사고들 또한 실시간 뉴스를 채우고 있다.

그럼에도… 그럼에도 하나님을 향한 나의 믿음, 나의 사랑 그리고 나의 헌신이 날로 깊어진다고 고백하는 이유가 있다. 매일 비즈니스 세계에서 복음을 살아 내는 무수한 크리스천 비즈니스 리더들과의 만남이 이어진 덕분이다. 그들이 어떤 산업 영역에서 어떤 종류의 일을 하든 한 명 또 한 명을 마주하며 시

복음, 시장 한복판에 서다

장 한복판에서 그들을 이끄신 하나님 이야기를 듣고 있노라면, 자연스럽게 "복음은 힘이 세다!"라고 외치게 된다. 저절로 감탄을 연발하게 된다.

비즈니스 세계 어느 한 사람이 예수를 구주로 영접하고, 그후로 성령께서 그 가운데 지속적으로 내주하고 또 역사하게 되면서 그들의 삶에는 수많은 '사건'이 일어난다. 성품이 바뀌고, 세계관이 바뀌고, 리더십이 바뀌고, 라이프 스타일이 바뀐다. 전인적 변화다. 이러한 개인 차원의 변화는 그 자신을 넘어 그의 가족과 일터에서 거룩한 영향을 끼치고, 사회적 경제적 환경적 변혁의 단계에 이른다. 그야말로 총체적 변혁이다.

한 주간 내내 이러한 삶을 살아가는 크리스천 비즈니스 리더들 만난다. 한 주, 한 달, 일 년 내내 만나다 보니 내 마음에는 어느덧 강력한 확신이 깃들게 되었고, 사도행전은 지금도 계속되고 있다고 외칠 수 있게 되었다. 예수 그리스도로부터 시작되어 제자들을 통해 열방 곳곳으로 흩어진 그 복음의 역사, 성령의 역사가 자본과 기술과 문화로 뒤덮힌 21세기 대한민국 모든 영역에 크리스천의 삶 그 자체를 통해 여전히 강력하고도 생생한 힘을 발휘하고 있다. 이는 지워지지 않을 초월적인 확신이다.

복음은 힘이 세다! 사도행전은 지금도 계속되고 있다! 이 책은 이러한 나의 외침을 담았고, 오랜 시간 성령 안에서 변화된 크리스천들의 인생, 나아가 시장 한복판에서 일어난 다양한 변혁 이야기들을 담았다. 지금 이 시대를 살아가는 크리스천의 세계관, 성품, 리더십, 라이프 스타일 등을 포함한다. 특히 MZ 세대라 일컫는 지금의 젊은 세대가 어떻게 선교적 영성을 갖춘 건강한 크리스천들로 세워져야 하는지 작은 실마리를 제공하고자 한다.

이 책이 나오기까지 내 인생에 큰 도움을 주신 분들이 있다. 사랑하는 가족이다. 지금은 하늘나라에 계시지만 늘 나로 하여금 '선교란 무엇인가'를 고민하게 해 주신 내 아버지 고 이세용 성도님, 한 명의 크리스천으로서 성화의 여정 그 깊이를 넉넉히 누리며 사시는 존경하는 내 어머니 조선영 권사님, 내게 크리스천다움이 무엇인지를 아내로서 엄마로서 비즈니스 리더로서 그리고 양육자로서 삶으로 보여 주는 우아하고 우와한 아내 이연임, 그리고 세상 최고로 사랑스럽고 자랑스러운 아들 호준에게 감사의 마음을 전한다. 가족 덕분에 내가 썩 나쁘지 않은 인간이자 성도가 될 수 있었다.

또한 이 책이 나오기까지 오랜 시간 나를 한 명의 굳건한 사역자로 세워 주신 선생님들이 있다. 아직 비즈니스 선교가 무엇인지 모른 채 시장 한복판에서 방황하던 나를 이끌어 준 이재현 대표님(NPO스쿨), 윤재원 팀장님(선대인경제연구소), 박상규 이사님(디케이닥터), 제이슨 마 선교사님(OC 인터내셔널)께 감사의 마음을 전한다. 친히 자신의 일상과 사역을 통해 Business As Mission이 무엇인지 꾸준히 전수해 주신 송동호 대표님(나우미션), 조샘 대표님(인터서브코리아), IBA 사무총장으로 섬기는 동안 늘 든든한 동역자로 함께 해 온 홍재인 매니저님, 정가영 간사님, 마지막으로 최근 수년간 건강한 비즈니스선교에 관해 함께 토론하며 동지로 함께하신 샘솟는기쁨 강영란 대표님과 이진호 이사님께도 깊은 감사의 마음을 전한다. 이 책 한 권은 이 모든 분들의 귀한 섬김과 수고 아래 쓰여진 책이다.

아무쪼록 이 책이 한국 교회 목회와 선교 현장 그리고 우리 성도들의 선교적 삶에 도움이 되고 힘이 되길 바란다. 성도들 가운데 '비즈니스 세계 속 예수의 제자'로 살려는 이들이 더 많이 일어나고, 국내와 해외에서 특히 선교지 현장에서 이미 그렇게 살아온 분들에게는 깊은 격려와 위로가 되길 바란다. 청소년, 대학생-청년들에게는 그들이 지금 이 시대에 성찰, 포용, 융합의 일상을 살아가고 또 앞으로 시장 한복판에서 복음을 살아가는 데에 조금이나마 영감이 되고 도전이 되길 바란다.

흑석동 IBA 공간에서
저자 이다니엘

Contents

Chapter 1

복음을 아는 자: 비즈니스 세계 한복판에서   22

목회 현장에서 선교지 현장에서 ◆ 우리의 문제는 무엇인가 ◆ 목사 양반, 시장 한복판에 던져지다 ◆ 돈 앞에 장사 없다 ◆ 일터 현장에서 앞구르기, 뒤구르기 ◆ 나만의 사명 선언문 ◆ 내 일터에서 일하시는 성령님 ◆ 아브라함 카이퍼와 영역 주권 ◆ 모세, 광야 한복판에서 ◆ 여호수아, 전쟁터 한복판에서 ◆ 광야에서든 전쟁터에서든 ◆ 그 한 말씀이 주어졌을 때 ◆ 모든 순간, 세상을 바꾸는 자 ◆ 하나님이 허락하신 대로

Chapter 6

복음을 아는 자: 남다른 라이프 스타일을 누리다 190

남다른 라이프 스타일이 있는가 ◆ 우리 주인이 그저 돈이라면 ◆ 성령 강림으로
인한 두 가지 변화 ◆ 오늘도 사도행전을 살아가는 이들 ◆ 모든 성도들을 향한 초
대 ◆ 복음의 불모지에서 복음을 살다 ◆ 일터에서 사랑과 공의를 살다 ◆ 청년 크
리스천 Must-have ◆ 일터 현장 속 선교적 삶 ◆ 선교를 친히 실천하신 분 ◆ 안 믿
는 직원들이 보고 있다 ◆ 지금 여기, 선교의 시대 ◆ 한 영혼을 얻는 것 ◆ 브리스
길라와 아굴라 부부 ◆ 늘 한결같은 하나님의 섭리 ◆ 사도행전의 삶을 사는 우리

Chapter 7

복음을 아는 자: 크리스천 청년 세대를 세우다 228

건강한 신학을 가지고 있는가 ◆ BAM으로 고등학생을 만나다 ◆ 젊은 기업가들
이 뛰어든다 ◆ 복음과 상황을 함께 다루다 ◆ 수업에 대한 학생들의 반응 ◆ 강
조점: 하나님 나라의 현재 ◆ 우리 에너지의 근원 ◆ 복음을 삶으로 보여 줄 증인
◆ 변혁에 목마른 세대 ◆ 부모의 삶으로 전수되는 하나님 나라 ◆ 모든 것을 10
년 앞당기다 ◆ 비대면 상황에서 얻은 교훈 ◆ 성전, 성직, 주일을 다시 생각하다
◆ 전장이 크게 확장되다 ◆ 이주민 시대, 다문화 상황 ◆ 일터 현장에서 그리스
도인답게 ◆ 우리의 생각과 마음은 어디에? ◆ 청년 기업가의 고민 ◆ 성과 속을
다잡는 본문 ◆ 크리스천, GAME CHANGER

Chapter 1

복음을 아는 자:

비즈니스 세계 한복판에서

세상 모든 영역이 비즈니스화된 시대이다. 여기서 '비즈니스'란 지금 이 시대를 지배하는 패러다임(paradigm)이고, 우리를 둘러싼 상황(context)이다. 불과 20년 전만 해도 비즈니스라고 하면 하나의 기업 단위를 떠올리거나 경영학 관련 분야를 떠올렸을 것이다. 물론 그 역시 여전히 비즈니스 세계라는 표현 안에 포함되어 있다. 하지만 이제 비즈니스는 우리 삶 전체를 대변하는 하나의 상황이 되어 버렸다.

실제로 모든 영역에 '비즈니스'라는 수식어가 따라붙는다. 의료 비즈니스, 사회복지 비즈니스, 교육 비즈니스 등 예전에는 의사, 사회복지사, 학교 교사의 직업 활동에 비즈니스라는 수식어를 붙이면, 어찌 고귀한 섬김의 일에 자본의 논리를 붙이냐며 언쟁하기도 했는데, 이젠 어느 대학 학과 이름에서도

복음, 시장 한복판에 서다

보이듯이 기존의 전공들과 비즈니스와의 융합이 결코 어색하지 않다. 어떤 용어든지 그 바로 뒤에 비즈니스라는 단어가 붙는다고 해도 누구도 이의를 제기하지 않을 것이다. 그만큼 지금 우리 모두는 총체적인 비즈니스 패러다임 속에 살아가고 있음을 부인할 수 없다.

종종 고등학생들 앞에서 강의할 기회가 있는데, 그때마다 "너희도 비즈니스 세상에서 이미 한몫 제대로 하고 있어"라고 하며 스마트폰 사용을 예로 든다. 스마트폰을 여는 순간 비즈니스 세상이 작동되기 시작한다. 청소년들이 앱 하나를 다운받느냐 마느냐, 어플 하나에 몇 분 혹은 몇 시간을 머무느냐에 따라 기업마다 보이지 않는 계산기가 돌아간다. 이처럼 우리는 비즈니스 세계에 둘러싸여 있다.

온라인 게임 회사마다 그 고민이 유사하다. 게임 사용자들이 조금이라도 더 게임에 머물게 하려면 어떻게 해야 할까? 조금이라도 더 많이 돈을 쓰게 하려면 어떻게 해야 할까? 게임 그래픽도 음악도 온통 청소년들의 인지와 감성을 자극하는 데 집중되어 있다. 사소한 사운드 이펙트 하나도 극강의 타격감으로 카타르시스를 느껴 더욱 게임에 몰입하도록 디자인한다.

글로벌 게임 회사에 근무하는 크리스천 후배가 내 앞에서 자신의 갈등을 토로한 적이 있다. "형, 자괴감을 느껴요. 돈을 많이 버는 건 좋지만, 우리 아이들을 게임 중독의 수렁으로 몰아 넣는 이 일을 계속해야 할지." 청소년은 흥미와 쾌감을 느끼며 게임을 하겠지만, 적어도 비즈니스 세계에서는 청소년들의 일거수일투족이 죄다 '돈'으로 연결된다. 한 고등학생이 조용히 와서 자신의 고민을 나눈다. "목사님, 기술 변화가 그만 멈추면 좋겠어요. 발전하는 기술을 누리는 건 좋은데, 이제 세상에 나가서 일하며 살려니 어떻게 살아야 할지 막막하고 혼란스러워요."

목회 현장에서, 선교지 현장에서

목회 영역에서도 비즈니스 세계의 힘을 느낄 수 있다. 15년 전이었을 것이다. 서울 모 교회 부목사 시절에, 교회 장로님, 권사님, 집사님 여럿, 그리고 청년들을 한자리에 모아 놓고 회의를 진행했다. 흔한 교회 사역 계획에 관한 내용이었다. 주일학교 교사 배치는 어떻게 해야 하는가. 심방은 언제가 좋은가. 여름 아웃리치(outreach)는 어디로 가야 하는가 등.

회의를 마치니 성도들이 한 명씩 자기 이야기를 꺼내 놓는다. 저마다 내용은 다르지만 모든 이야기가 하나의 범주 속에 있었다. 바로 '비즈니스'라는 키워드였다. 성도들은 비즈니스 세계 속에서 갖가지 애환과 아픔을 감내하며 살아가고 있었다. 장로님과 권사님의 경우, 교회 건물 안에서는 나름 사명감을 가지고 활기차게 봉사하지만, 교회 밖에서는 사회-경제적으로는 시니어의 신분으로 사회적 약자의 일상을 살고 계셨다. 청년들의 경우도 마찬가지였다. 대학을 졸업하고도 취업하지 못하고 있거나 다니던 직장에서 실직한 청년들, 혹은 아무리 열심히 일한다고 해도 빈곤에서 벗어나지 못하는 청년들이 적지 않았다.

선교 영역도 마찬가지였다. 최근 공중파 뉴스 통계 자료는 전 세계가 사용하는 휴대전화가 50억 대 가량이고, 그중 절반이 스마트폰이란다. 퓨 리서치(Pew Research)에 따르면, 우리나라 역시 전체 휴대전화 사용 인구의 95%가 스마트폰을 쓰고 있다. 얼마 전 잠시 귀국한 남미 선교사님은 아마존 원주민도 다들 스마트폰을 사용하며 자신의 제품이나 서비스를 스마트폰을 통해 자유로이 유통하는 모습을 보며 놀랐다고 했다.

최근 라오스 비엔티엔 인근 시골 마을을 찾았을 때 현지 선교사님도 비슷한 설명을 했다. "이 지독한 빈민 마을에 사는 청년들도 어떻게 해서든 중고 스마트폰을 구하려고 합니다. 하루 종일 손가락으로 틱톡을 넘기며 부유한 나라에서 만든 콘텐츠들을 보다가 나이가 들어 성인이 되면 현실과 이상의 괴리를 느낀 나머지 술과 마약, 성매매로 빠져드는 모습을 봅니다."

요컨대 지역 교회 목회와 선교지 현장 역시 전 세계에 걸친 도시화, 자본화 물결에 따라 사역적 과제와 도전이 이미 새로운 차원에 접어들었음을 보게 된다. 교회 건물 안에서 믿는 이들끼리 예배하고 동역함도 여전히 중요하다만, 성도들의 삶은 물론 지역사회와 이웃에 전방위적으로 영향을 끼치는 비즈니스 세계의 힘에 집중할 필요가 있다.

신학생 시절, 기말고사 문제가 딱 한 줄인 과목이 있었다. '예수가 답이라면 무엇이 문제인가?' 교수님이 한 학기 동안 가르친 내용을 요약하고 또 요약해서 출제한 딱 한 줄 문장이었다. 대부분의 신학생들이 처음엔 교수님의 문제 출제 의도를 잘 알아차리지 못하다가 뒤늦게 그 의도를 깨닫게 되었다.

신학생들마다 오랜 시간 설교와 소그룹 활동, 수련회 등을 통해 예수 그리스도가 정답이라고 배우고 또 외쳐 왔는데, 그렇다면 이 시대 우리 크리스천들이 직면한, 교회 건물 바깥에 산적한 진짜 문제(question이자 problem)가 무엇인지 생각해 보라고 하신 것이다.

예수가 답이라면 무엇이 문제인가? 이 한 줄의 시험은 내 인생과 사역을 한꺼번에 뒤바꾸는 계기가 되었다. 언제 어디에 있든 덮어놓고 예수가 정답이라고 얼버무릴 것이 아니라, 영원불변한 복음(Text)을 가진 자로서 자신이 서 있는 상황(context) 속에서 무엇이 진짜 우리가 직면한 문제요 또 풀어야 할 과제일지 생각해야 함을 깨닫게 했다.

지금 우리 시대 최고의 화두는 무엇일까? 돈이 아닐까? 자본의 힘이 초막강해져 우리의 삶을 좌지우지하는 모습을, 목도하고 있다. 자본주의(資本主義, capitalism)란 쉽게 말해 '자본이 주인 노릇하며 뜻을 펼치게 하는 경제 체제'일진대, 역사상 이 시대만큼 자본이 강력한 힘을 발휘한 적이 있을까? 지금처럼 돈이 사람 위에 주인이자 뜻으로 대놓고 군림한 적이 있을까? 세상 모든 사람이 오직 자본 하나를 위해 돌진한 적이 있을까? 많이 가졌든 적게 가졌든, 아무것도 가지지 않았다고 해도 지금이 시대 최고의 화두는 단연 '돈'이다.

그렇다고 해서 자본주의 체제를 부인할 수는 없다. 우리 모두는 이전에도 그 속에서 살아왔고 또 앞으로도 그러할 것이다. 그러나 크리스천 즉 복음을 아는 자로서 우리에게 더 나은 삶의 양식은 없을까? 보다 근본적으로 교회 건물을 벗어난 크리스천들이 시장 한복판에서, 우리네 일터 현장에서 살아 내야할 삶의 양식은 어떠해야 하는지 묻고 싶다.

목사 양반, 시장 한복판에 던져지다

7년 가까이 비즈니스 현장가로서 살아 본 경험이 있다. 종종 설교 시간에 설교자가 '신학 공부를 하기 전에 직장에서 일했다'거나 '목사가 되기 전까지 자영업자로 살았다'라고 이야기하는 것을 듣지만 목사 신분으로 월급쟁이 회사원에서 기업 대표에 이르는 과정을 경험한 이들은 그리 많지 않다. 내 경우가 그랬다. 7년간이지만 크지도 작지도 않은 기업에 입사해 비즈니스 세계를 경험했고, 한 회사에서 중간관리자, 총무, 그리고 퇴직하기까지 1년간 그 기업의 대표이사로 일했다. 목사로서 매우 독특한 경험이었다.

그야말로 신의 한 수였다. '신의 한 수'라고 표현한 것은 비록 나 개인에게는 아프고 고통스러운 경험이었지만 그 덕분에! 인생과 사역의 패러다임이 바뀌었기 때문이다. 처음 입사하던 때에는 '어쩌다가 목사에게 이런 일이' 하며 낯설고 당황스러워 어쩔 줄 몰라 했지만 15년이 지난 지금은 하나님이 작정하고 준비하신 시간이었음을 믿으며 감사하고 있다.

요즘 들어 '일하는 목회자' '이중직 목사' 사례가 눈에 띄게 많아지고, 그래서 그런지 시장 한복판에서 일하는 목사님들을 여럿 만나게 된다. 겉보기엔 몰라도 분명히 그들의 마음만큼은 녹록하지 않을 것이다. 꽤 오랜 시간 적잖은 한국 교회 설교자들이 건물 교회 안은 거룩하고 바깥은 속된 곳으로 나누며 외쳐 왔고, 그러다 보니 성도들 역시 전형적인 성속이원론에 따라 교회 건물 바깥의 우리 가정과 일터를 '속된 곳'으로 인식하며 살게 되었다. 그런 가운데, 목사들조차 시장 한복판에서 살게 된 이 시즌이 어쩌면 한국 교회의 오래 묵은 체질을 한바탕 갈아엎고 바꾸는 시간이 되지 않을까 조심스레 예상해 본다.

돈 앞에 장사 없다

예전에 지역 교회에서 설교할 때마다 예배자들 앞에서 "성도 여러분, 여러분이 선 가정과 일터는 거룩한 곳입니다. 주일

예배를 마쳤으니 이제 세상에서 여러분의 삶의 자리에서 예배하십시오"라고 외쳤다. 그땐 그게 '내가 알고 하는 말'인 줄 알았는데, 아니었다. 꽤 오랜 시간 초대형 교회 부교역자 자리에서 그렇게 외쳤던 나 역시 결국엔 한국 교회가 안고 있는 고질적인 성속이원론에서 벗어나지 못하고 있었다. 목사와 선교사는 거룩한 사람이요 일반 성도들은 전임 사역자들을 돕는 사람, 건물 교회 안은 거룩한 곳이요 밖은 더러운 문화가 지배하는 속된 곳, 일요일은 거룩한 주님의 날이요 월요일부터 토요일은 일요일을 준비하는 날, 십일조는 온전한 주님의 것이요 삶의 구조는 이러이러해야 하는… 결국 지나 보니 나 역시 이런 이분법적인 구조에서 벗어나지 못했다.

그러던 내가 정작 시장 한복판에서 하루하루 살다 보니 엄청난 괴리에 부딪힐 수밖에 없었다. '성전'이라 불리는 건물 교회 안에서 '성직자' 대우를 받다가 '속되다'고 여기던 시장 한복판에서 돈을 만지기 시작하고, 거래의 주체가 되는 순간마다 '이 상황이 도대체 뭐지?' 하며 엄청난 혼란을 느꼈다. 충분히 그럴 만했고, 한동안 헤어 나오지 못했다. 이 과정에서 그토록 내가 비판하던 성속이원론의 습성이 내 안에 있다는 사실을 발견했다. 그 이분법적인 태도가 모두 빠져나가고 담백하고도 털털한 크리스천 사회인으로 살아가기까지 한 3년은 걸린 듯했다.

정말이지 직장 생활 초기에는 세상에 나만큼 착하고 의로운 사람이 없는 줄 알았다. 교회 건물 안에서 성도들의 보호를 받던 진공 상태에서는 그렇게 여길 수밖에 없었을 것이다. 그러나 비즈니스 영역에서 시시각각 돈의 논리가 치고 지나가고, 효율성으로 사람과 상황을 다뤄야 할 때마다 그 시장 한복판에서 예전엔 미처 몰랐던 추하고 사악한 내 모습이 여지없이 드러나곤 했다. 평소 가족이라고 말하고 강조했던 회사 피고용인들을 물건이나 짐짝처럼 대하고 있었고, 재정 문서를 다루면서 숫자를 부정직한 방식으로 건드리기도 했다. 그런 순간들이 지나가고 나면 현타가 와서 뒤늦게 무릎 꿇고 '저는 죄인입니다'라고 고백하며 하나님 앞에서 절망했다. 정말 태생적으로 착하고 의로운 사람이라고 자부하던 나였는데, 돈 앞에 장사가 없다는 말이 옳았다.

일터 현장에서 앞구르기, 뒤구르기

직장인으로서, 기업 대표로서 7년여 동안 비즈니스 활동을 하면서 진하게 얻은 세 가지 교훈이 있다. 첫째, 성도들이 돈을 얼마나 힘들게 버는지 실감했다. 미처 몰랐다. 내가 생산한 제품과 서비스를 가지고 남의 지갑을 여는 일이 이렇게 힘든지 몰랐다. 어떤 영역이든 어떤 포지션이든 끊임없이 영리를 창출하기 위해 발버둥 치는 과정을 온몸으로 겪고 나자 교회에서 마주치는 장로님, 권사님, 집사님들이 새롭게 보였다. 한 주 내내 고달프고 힘들었을 텐데 일요일이면 이른 아침부터 주차 안

복음, 시장 한복판에 서다

내, 중고등부 교사, 성가대로 섬기지 않는가. 참 피곤할 텐데 말이다! 새벽예배, 수요예배, 금요예배에서 만나면 하나님을 향한 그들의 마음이 더 가까이 전해지곤 했다.

직장인들 혹은 기업 대표들 앞에서 종종 비즈니스 선교 강의를 할 때가 있는데 이런 얘기를 하면 다들 공감한다. 목사가 시장 한복판에서 온갖 쓴맛을 보며 앞구르기 뒤구르기를 한 이야기, 성도들이 세상에서 얼마나 고생하는지, 주님 나라를 위해 얼마나 애쓰는지를 알아주는 이야기를 나누노라면 어느 틈에 강사와 청중이 하나가 된다.

둘째, 비즈니스 현장이 선교의 자리라는 것이다. 즉 비즈니스 그 자체가 선교일 수 있다. 직장 생활을 시작하고 첫 3년은 아무것도 보이지 않는 암흑기였다. 매장에서 일하는 내내 의문이 들었다. '도대체 내가 여기서 뭐하고 있지? 왜 여기 있지? 이 기간이 내게 어떤 의미란 말인가?' 질문하고 또 질문해도 도무지 답이 없고, 어떤 의미인지 알 수 없었다. 그만두고만 싶었다. 수시로 퇴사하고 싶다는 충동이 찾아왔다.

그 시간을 잘 넘긴 보상인 것일까? 4년 차가 되던 어느 날부터 우리 회사 안에 믿지 않는 동료들이 한 사람 한 사람 내게 찾아오기 시작했다. 이들의 말을 들어 보니 대체로 '나의 태도와 일상이 남들과 확실히 다르다'는 것이었다.

"3년 넘게 지켜봤는데 팀장님에겐 특별한 것이 있어요. 회의에서 의사결정하는 것도 그렇고, 재정을 집행할 때도, 아랫 사람을 대할 때나 허드렛일을 하실 때도 다르다고 생각했어요. 기독교인이라서 그런가요? 교회 다니면 그런가요?" 이처럼 나의 태도를 보면서 근원을 궁금해했고, 차츰 안 믿는 직장 동료들에게 기독교 가치에 대해 나눌 수 있었다.

"유튜브에서 총무님 이름을 검색하니까 목사님이더라고요. 세상에 있는 목사들은 다 나쁜 놈인 줄 알았는데 아니었네요. 목사도 총무님처럼 좋은 사람이 있군요." 그렇게 나의 일상을 보며 안티기독교인은 '덜 안티기독교인'이 되고, 어떤 이들은 자기 집 주변에 있는 교회에 나가기 시작했다.

회사 생활에서 이런 상황이 종종 주어졌다. 미신자(未信者)들이 "오랫동안 지켜보니"라면서 다가오곤 했다. 믿지 않는 사람들이 은연중에 크리스천의 태도를 주시하는 줄 알게 된 계기였다. 이들은 '안 보고 있는 것 같아도' 일터 속 크리스천들의 말 한마디, 행동 하나하나, 아니 그 이전에 의식의 흐름까지 관심을 가지고 있었다.

물론 비즈니스를 잘해서 그것으로 번 돈으로 교회에 헌금하고 선교지를 돕는 것도 소중하지만, 우리의 비즈니스가 그 자체로 선교적 가치를 만들고 또 열매를 맺는다면 더할 나위 없을 것이다. 어떻게 해서든 돈을 벌어 교회와 선교지에 헌금하는 것은 (물론 여전히 그 자체로 귀하다만) 비즈니스 선교의 측면에서 그다지 난이도가 높지 않을 수 있다. 하지만 믿지 않는 이들에게, 그것도 복음에 적대적인 이들 앞에서 오랜 시간 삶 자체로 복음을 보여 주고 살아 내는 태도와 행동은 고난도의 선교요 선교의 진수 그 자체가 아닐까 싶다.

셋째, 비즈니스 과정의 중요성이다. 앞에서 언급했지만, 기업 활동의 결과만큼 과정이 중요하다. 기업 활동의 결과물을 가지고 지역 교회에 헌금하고 또 선교지에 교회를 세우기도 하는 것, 여전히 중요하고 귀하다. 하지만 우리는 한 걸음 더 나아갈 필요가 있다. 이제 성도들 인식의 결이 달라졌고, 한 단계 더 성숙한 충성과 헌신을 갈망하고 있다. 하나님께 드리고자 하는 그 재정, 어떤 과정으로 벌었는가? 회사 내에서 이루어지는 온갖 의사결정 과정, 재정집행 과정, 인간관계 등에 대한 꼼꼼하고도 촘촘한 성찰이 필요하다. 기업 활동 과정마다 하나님이 받으실 만한지 살펴야 한다.

2012년부터 2018년까지 개신교 어느 대형 교단 본부의 위탁을 받아 전국에 있는 기독교 가치 위에 세워진 기업들에 속한 이들을 대상으로 인터뷰를 한 적이 있다. 기독교 기업 중에 매출 규모나 고용 인원 차원에서 잘한다고 평가할 기업들도 많지만, 적지 않은 기업의 피고용인들은 차라리 회사가 기독교 기업이 아니면 좋겠다고 하소연하기도 했다.

기업 대표가 크리스천이고 경영진이 크리스천이어서 대외적으로 '기독교 기업'이라고 표방하며 매해 매출의 일부를 지역사회와 이웃을 위해 사용하고, 그들이 생산한 상품을 소외된 이들에게 나누는 일들을 잘하고 있었으나 실상 기업 내부의 피고용인들은 '기독교를 믿는 경영인, 중간관리자들의 의사결정, 재정집행, 인간관계 방식으로 인해 자주 시험에 든다'고 말했다. 외부 평가가 아무리 우수하다고 하더라도 내부에서의 기업 운영 방식이 여러 면에서 기독교 신앙에서 벗어나 있다면 어떠할까?

다양한 지역, 다양한 세대를 위해 창업 스쿨을 열고, 또 크리스천 비즈니스 리더들을 대상으로 여러 종류의 비즈니스 선교 세미나를 진행할 때마다 진지하고 차분한 톤으로 질문을 한다. "여러분, 크리스천으로서 비즈니스 활동을 한다는 것에는 어떤 특별한 의미가 있을까요?" "크리스천이 회사를 창업하고 기업을 운영한다면 그 회사는 누구의 어떤 모습을 닮아야 할까요?" "크리스천이 창업하고 기업을 운영하는데 크리스천다움이 전혀 나타나지 않는다면 이를 어떻게 봐야 할까요?" 이는 회사 매출을 통해 좋은 일, 착한 일을 많이 하자는 이야기가 아니다. 자본이 강력한 힘을 발휘하고 이에 순응하며 살아가야 하는 지금, 선교적 부르심을 담지한 크리스천이라면 과연 우리의 비즈니스 그 자체를 통해 선교적 가치를 창출할 근본 역량이 있는지를 묻는 것이다.

나만의 사명 선언문

한국 교회 BAM(Business As Mission) 운동을 주도하는 IBA

복음, 시장 한복판에 서다

(International BAM Alliance) 사무총장의 주요 업무는 다양한 분야의 수많은 크리스천을 만나는 일이다. 하나님이 내게 주신 사명이다. 지금 이 시대, 비즈니스 세계를 살아가는 예수의 제자들을 찾고 만나야 한다. 인공지능 영역에서 일하는 이들, 250만 이주민을 섬기고 보듬는 이들, 엔터테인먼트 영역 한복판에 있는 이들, 통일 한국을 위해 애쓰는 이들, MZ세대 알파세대를 선교적 다음 세대로 세우는 이들이다. 한 주간 내내 만나는 그들은 한결같이 비즈니스 상황(context)에서 각자 주어진 하나님 나라 복음(Text)을 삶으로 살아 내고 있다.

선교 훈련 프로그램에서 사명 선언문(vision statement)을 작성한 적이 있었다. 오래전이어서 기억이 선명하진 않지만 '지금 이 시대의 크리스천들이 크리스천답게 일상을 살도록 이끄는 것'이 사명이라고 했다. 미신자 전도 역시 마땅한 사명이지만, 한국 교회 성도의 삶이 크리스천다운 삶인지 스스로 질문하게 하고, 그 삶이 크리스천답도록 돕고자 했다.

IBA 사무총장의 직무도 이와 다르지 않다. 비즈니스 세계 속 예수의 제자들을 끊임없이 만나 교제하면서 이들의 귀한 일터와 라이프 스타일이 크리스천에게 건강한 자극이 되도록 하고자 한다. 특히 다음 세대 주역인 크리스천 청소년, 대학생-청년들에게는 더더욱 중요한 과정이기도 하다. 이 책에 구체적으로 다루려고 한다.

청년 크리스천을 만날 때마다 그들로부터 "그래서 어떻게 살아야 해요?"라는 질문을 자주 들어왔다. 이미 지역 교회에서 복음이 무엇인지, 무엇이 옳고 그른지 배웠다는데도 어떻게 살아야 하는지를 묻는다. 그 이유는 무엇일까? 급변하는 사회, 격렬하게 역동하는 세상에서 작은 예수로서 또 복음을 아는 자로서 어떻게 살아가야 할지 막막한 것이다. 일상의 라이프 스타일이 더 중요해지고 있다는 반증이다.

내 일터에서 일하시는 성령님

비즈니스 영역에서 7년간 지내면서 '비즈니스 영역의 진정한 주인은 하나님'이라고 결론을 내렸다. 치열한 일터 현장 속에서 선교가 어떻게 이루어지는지를 보았기 때문이다. 미신자 직원들의 일상 속에서 우리 하나님이 어찌나 부지런하고 섬세하게 움직이시던지, 일터 환경에서 그들을 깨우고 세우시는 성령의 역사를 보고 있노라면 놀라지 않을 수 없다.

일터 현장에 있는 동안 나는 직장 동료들에게 먼저 '예수를 믿으라'고 한 적이 없고, 어떡하든 '교회에 나가 보면 어떠냐'고 넌지시 제안하지도 않았다. 내 주변의 회사 동료와 친인척들은 대부분이 미신자였고, 나아가 안티기독교 성향의 무신론자들이 훨씬 더 많았던 터였다. 그러니 자연스럽게 '말과 글로 복음을 전하기보다 일상을 통해 복음을 보여 줘야겠다'라고 마음먹게 되었다. 정말이지 예수 믿으라고, 교회 나가라고 한마디 던지듯 하는 게 쉽지, 하루하루 일터에서 일상을 통해 그리스도 인다운 삶을 드러내기가 녹록하지 않았다. 나에겐 또 다른 차원의 과제였다.

4년 남짓 회사 생활을 할 무렵이었을 것이다. 미신자 직원들이 다가와 기독교, 교회, 복음에 관해 묻는 것이 아닌가. 얼마나 놀랐는지 모른다. 내 안에 계신 성령, 그리고 일터 현장에 계신 성령께서 하신 일이었다. 하나님의 부르심과 마찬가지로 일터에서 일하시는 하나님을 만날 수 있었다. 이렇게 하나님께서 일터 현장에서도 함께하신다는 깨달음은 일터를 대하는 나의 태도를 달라지게 했다.

아브라함 카이퍼와 영역 주권

우리는 '크리스천'이라고 하면서 상황에 따라 형편에 따라 마치 하나님이 함께하시지 않는 듯이 행동한다. 코람데오 즉 '하나님 앞에서' 살아간다고 하면서 결정적인 순간에는 '예수를 믿는 사람, 맞아?'라고 의심할 만큼 함부로 행동한다.

비즈니스 현장에서 대놓고 갖가지 죄악을 일삼으면서도 누가 물으면 당당하게 크리스천이라고 대답하는 사람들도 적지 않지만, 이는 불가항력적인 일터 현장 상황이나 환경이 그렇게 만들기도 한다. 결코 옳지 않다는 것을 알면서도 돈의 압력이 거세다 보니, 기술로 인한 효율이 크다 보니, 시장 분위기와 대중의 뜻을 고려하다 보니, 하는 수 없이 따르게 되는 것이다. 그 순간만큼은 하나님 앞이라는 사실을 잊은 듯이 행동하고 만다.

더구나 지난날 교회 교육이 어떠했는가. 건물 교회 안은 성전이고 그 바깥은 세속이라 여기게 하지 않았는가. '속되다'는 인식은 마치 하나님이 계실 수 없고, 하나님이 일하시지 않는 곳, 거룩한 공기가 1도 들어올 수 없는 곳처럼 여기게 만들었다. 이미 세상은 모종의 패배 의식이 존재했고, 그러다 보면 교회 안 신앙과 교회 밖 신앙이 분리될 수밖에 없다. 건물 교회에서 신앙으로 모여 뜨겁게 찬양하고 기도하면서 예배할 때는 마냥 기쁘다가 교회 밖으로 나서는 발걸음은 무겁기만 하다. 가정과 일터에서도 마찬가지로 각기 다른 모드로 살아간다.

네덜란드 신학자로서 수상을 지낸 정치인 아브라함 카이퍼(Abraham Kuyper)는 "인간 존재의 모든 영역에서 만물의 주권자이신 그리스도가 '내 것이다' 외치지 않은 곳이 하나도 없다"라고 주장했다. 이는 '영역 주권', 곧 만물의 창조주 하나님은 교회뿐만 아니라 국가, 사회, 예술, 과학 등 모든 영역의 주인이시며 지금도 주권적인 통치를 하신다는 사상인데, 우리의 인식을 바르게 일깨운다.

비즈니스 세계의 크리스천은 영역 주권을 기억해야 한다. 돈, 노동, 일터, 시장이라는 환경과 상황에서 하나님의 임재와 영광, 섭리, 통치를 얼마나 누리는지 돌아보기 바란다. 하나님은 온 세계의 하나님, 온 우주의 하나님이시며, 그분의 통치가 닿지 않는 곳이 없다는 것을 잊지 말아야 한다. 우리 일상에서 이를 제한하며 살지 않는지 돌이켜 보자.

모세, 광야 한복판에서

나는 모세의 일터, 여호수아의 일터에 관해 자주 묵상한다. 선교적 영성에 관한 강의를 요청받을 때마다 '내가 선 곳, 거룩한 땅'을 전하는 본문은 출애굽기 2장 후반부와 3장 초반부의 말씀이다. 모세가 하나님의 능력을 힘입어 위대한 일들을 행하기 이전, 즉 40년간 광야에 머물며 표현 그대로 'nobody'로 살던 때이다. 그에게 가장 어두웠던 시절이었다.

우리는 이미 모세 인생의 결론을 알고 있다. 특히 그가 이후에 열 가지 재앙의 통로가 되고, 민족을 이끌고 홍해를 건너고, 만나와 메추라기 그리고 구름 기둥과 불 기둥 역사의 통로가 되며, 가나안 입성 직전에 이르기까지 엄청난 일들을 했다는 것을 잘 알고 있다. 그래서 이 본문조차 그저 '모세의 한때'로 치부할 수 있지만, 좀 더 찬찬히 뜯어 보면 당시 모세의 심정이 어땠을지 쉽게 상상할 수 있다.

모세는 이집트 왕자로서 온갖 부와 명예, 권력, 그리고 수사학을 비롯한 당대 최고 수준의 교육을 받았다. 그러던 그가 출생의 비밀을 알게 되면서 하나님이 주신 비전에 따라 히브리인의 독립을 도모하게 된다. 그는 그저 하나님이 주신 비전에 따라 애썼을 뿐인데 그 혈기와 충동이 엉뚱한 방법으로 표출되어 한순간에 '살인자 신분'이 되어 광야로 내쫓기게 된다. 모르긴 몰라도 그 광야를 헤매는 동안 목숨을 갈구해야 했던 그 모든 시간과 그가 가지고 있던 모든 왕궁의 귀금속들이 모래 속에 버려지지 않았을까 싶다.

다행히 모세는 미디안 광야의 목축업자 이드로의 손에 구출되고 그의 사업장과 그가 제공한 거처에서 머물게 된다. 그리고 이드로의 딸 십보라와 결혼하여 자녀를 낳는다. 첫아들 이름은 게르솜인데 '내가 타국에서 나그네가 되었다'는 뜻이다. 짧은 한 줄이지만 많은 생각을 하게 한다.

어느 아비가 첫째 아들의 이름을 저렇게 짓고 싶을까? 뭐랄까, 아들의 이름을 묵상하노라면 당시 모세의 내면을 읽을 수 있다. 뭐랄까, 한때 이집트 왕자였던 신분에 대한 아쉬움, 회한, 체념 등을 엿볼 수 있다. 광야는 모세에게 아무런 소망도 없는 불가능의 땅이었다. 그러던 어느 날 하나님은 광야에 서 있는 모세에게 말을 거신다. 출애굽기 3장 4~5절 말씀이다.

> 4 여호와께서 그가 보려고 돌이켜 오는 것을 보신지라 하나님이 떨기나무 가운데서 그를 불러 이르시되 모세야 모세야 하시매 그가 이르되 내가 여기 있나이다 5 하나님이 이르시되 이리로 가까이 오지 말라 네가 선 곳은 거룩한 땅이니 네 발에서 신을 벗으라 _출애굽기 3:4~5

이 말씀에서 드라마틱한 본문은 5절이다. 하나님은 모세가 서 있는 그 땅이 '거룩한 땅'이라고 하신다. 얼마나 기가 막혔을까? 모세가 지난달에 밟았던 땅, 지난주에도 밟았던 땅, 어제도 밟았던 땅, 지금도 밟고 있고 내일도 밟을 땅이지 않는가. 밟아도 밟아도 아무런 변화가 없고 아무런 기대와 소망을 하기 어려운 땅이었고, 수시로 다녀도 어떠한 새로운 것을 기대할 수 없는 땅이었다. 하나님이 모세 앞에 나타나신 것도 엉뚱하기만 한데, 이곳을 거룩하다고 하시니 당황스럽다.

더욱 황당한 것은 하나님이 나타난 타이밍이었다. 80세가 된 모세는 이미 힘이 많이 빠진 상태였다. 이집트 왕자 시절에는 비전과 야망이 있었고, 힘과 권력과 지식과 지혜가 있었으며, 전략과 전술을 실행할 자원이 있었는데, 그 시절이 어찌 보면 히브리 민족이 독립을 이룰 가장 적절한 때였을 텐데 왜 이제 모세 앞에 나타나셨을까?

당시 40세였던 모세는 왕국의 수사학에 뛰어났고, 대중을 선동할 언변을 가졌지만, 지금은 그저 비통과 슬픔, 회한만 남은 노인이었다. 그의 자질과 역량은 이미 다 소진되어 기억조차 희미해져 과거의 일이 되어 버렸다. 출애굽기 3장 중반과 후반부를 보면 모세가 하나님 앞에 저항하며 항변하는 장면이 나온다. 이는 단순히 나이가 많아 자신감을 잃어서 그렇다기 보다 평생의 회한과 울분을 담은 항변이었다. 그런 모세에게 하나님은 "네가 선 곳은 거룩한 땅이니 네 발에서 신을 벗으라"라고 하신다.

여호수아, 전쟁터 한복판에서

한편 내가 주목한 본문은 여호수아 5장 중반부이다. 여호수아가 하나님의 능력을 힘입어 위대한 일들을 행하기 이전, 가나안 입성을 코앞에 둔 때였다. 이스라엘 백성의 리더로 세워진 그는 첫 번째 전투를 눈앞에 둔 상황이었다. 이때의 여호수아 역시 'nobody'였다.

물론 우리는 여호수아 인생의 결론을 알고 있다. 그가 첫 번째 전투 이후에 하나님의 능력에 힘입어 백성들과 함께 여리고 성을 함락시킨 것도, 가나안 지경에서 진군에 진군을 거듭하며 모든 땅을 평화로운 세상으로 만든 이야기도 잘 알고 있다. 그래서 이 본문조차 그저 '여호수아의 한때' 정도로 치부할 수 있을 것이다. 하지만 이 본문을 찬찬히 보노라면 그의 심정이 어땠을까를 상상하게 된다.

여호수아 1장은 "여호와의 종 모세가 죽은 후에"라는 설명으로 시작된다. 이스라엘 민족을 이끌 리더십은 이미 모세로부터 여호수아에게 이양된 상태이다. 1장은 여호수아에 대한 여호와 하나님의 약속으로 시작된다. 자세히 살펴보면 "강하고 담대하라", "오직 강하고 극히 담대하여", "두려워하지 말며 놀라지 말라"는 말씀을 통해 하나님이 그와 함께하심을 수차례 강력하게 강조하신다.

무엇을 뜻하는 것일까? 역설적으로 여호수아의 마음 상태를 보여 주신 것은 아닐까? 그가 아무리 지난 시간 동안 모세의 시종으로서 여러 차례 대중들의 시선을 끌었더라도 탑 리더로 세워진다는 건 완전히 다른 이야기였다. 그가 탑 리더로 세워지는 순간부터 이스라엘 백성들 사이에는 리더십 교체로 인한 불안과 의심, 두려움, 소요, 갈등, 분열 같은 두드러지는 변화가 나타나리라 예상해야 하기 때문이다.

혹시 그러지 않더라도 여호수아는 심한 긴장과 두려움, 갈등으로 가득하지 않았을까? 가장 큰 감정은 바로 '자기 의심'이었는지도 모른다. 대중이 자신의 진가를 모르는 것도 문제였겠지만 내가 나를 모르는 것이 더 큰 문제일 수 있다. 자신의 리더십 자질과 역량이 한 번도 드러난 적이 없었는데 당장 가나안 입성을 눈앞에 두고 여리고 성이라는 강력한 대적과 싸워야 했던 여호수아였다. 어찌 보면 모세가 죽자, 하나님께서 그에게 "강하고 담대하라"라고 강력하게 이르신 것도 이해가 된다.

신비하게도 하나님은 여리고 성을 코앞에 두고 심적인 갈등, 긴장, 두려움이 최고 절정에 다다랐을 여호수아에게 "네가 선 곳은 거룩한 땅이니 네 발에서 신을 벗으라"라고 하신다.

> 14 그가 이르되 아니라 나는 여호와의 군대 대장으로 지금 왔느니라 하는지라 여호수아가 얼굴을 땅에 대고 엎드려 절하고

그에게 이르되 내 주여 종에게 무슨 말씀을 하려 하시나이까 ¹⁵ 여호와의 군대 대장이 여호수아에게 이르되 네 발에서 신을 벗으라 네가 선 곳은 거룩하니라 하니 여호수아가 그대로 행하니라 _여호수아 5:14~15

여호와의 군대 대장은 여호수아에게 "네가 선 곳은 거룩하니라"라고 선언한다. 이 선언이 극한의 긴장과 떨림, 두려움에 사로잡혀 있던 여호수아에게 어떤 느낌이었을까? 모르긴 몰라도 그도 인간인지라 이 선언을 듣기 전까지만 해도 초긴장 상태에 있거나, 마냥 부족해 보이는 자신의 감정에 매몰되어 있지 않았을까 싶다. 그러나 그가 서 있는 이곳이 여호와 하나님이 계신 곳이고, 그분의 통치가 임한 땅이라는 선언은 그의 마음 가운데 남다른 담대함과 용기를 주기에 충분했다.

광야에서든 전쟁터에서든

모세에게든 여호수아에게든 하나님은 하나의 선언, 하나의 명령을 던지신다. 이는 '네가 밟고 있는 지금 그곳은 내가 임재하고 내가 일하는 장소'라는 것이다. 모세에게는 하루하루 자기연민과 회한과 아쉬움, 소망 없음으로 점철된 땅이요 여호수아에게는 두려움과 긴장, 초조함으로 가득했던 곳인데, 하나님은 단 한 번의 선언으로 그 땅을 바꾸신다. 그분의 실재였다.

복음, 시장 한복판에 서다

오직 하나의 명령은 "네 발에서 신을 벗으라"였다.

고대 근동의 문화에서 주인의 집에 거하는 노예들이 신발을 벗으며 자신의 낮고 천함을 표현했듯이 하나님은 그러한 철저한 자기 낮춤과 순종을 요청하셨다. 정말이지 하나님의 역사에서 요구되는 것은 '우리 발에서 신을 벗음' 그 하나뿐이다.

모세와 여호수아의 소싯적 에피소드는 우리에게 굉장한 위로와 용기를 준다. 우리가 살아가는 모든 현장은 엄연히 하나님의 땅이요 하나님이 일하시는 곳이다. 일시적으로 세상의 문화와 사단의 권세가 장악하는 듯해도, 그 땅 한복판에서 마음의 신을 벗고 담대하게 하나님의 주권과 통치를 선언할 때 그 황량하고 척박한 곳에 하나님의 숨결이 깃들고 유무형의 변화가 일어나기 시작한다.

비즈니스 영역에서 7년 동안 느낀 중요한 한 가지는 '내가 바로 하나님 선교의 주체'라는 점이다. 뻔한 이야기 같지만 우리가 곧잘 놓치는 부분이다. 적잖은 크리스천의 기도가 자신이 처한 환경을 바꿔 달라거나 또 필요를 채워 달라는 기도이기 때문이다. 물론 그럴 수밖에 없는 극단적인 상황에 놓이거나, 하나님의 손길만이 가능한 영역일 경우도 있지만, 어떤 때는 우리가 움직이기를 기다리시는 하나님의 때가 있다. 난공불락 같은 비즈니스 세계에서 복음을 말과 글로 전하기 어려운 상황이라면, 결국 우리의 삶을 통해 하나님의 역사가 이루어지는 경우들이 꽤 많다.

청년들 앞에서 선교적 영성에 관한 강의를 할 때마다 "지금 다니는 직장을 퇴사해야 할까요, 말까요?"라는 질문을 듣는다. 그의 일터 상황이 어떤지 듣다 보면 '그래, 그럴 만하다'라며 공감해도 결국 나는 진지하게 "하나님과 직면하세요. 그게 답입니다."라고 말하게 된다.

크리스천이라면 어떤 일이 일어날지 모르는 법이다. 아무리 봐도 죄악이 관영한 기업 문화일지라도, 매번 부당한 지시를 받아야 할지라도 하나님께서 '응, 그래. 계속 다녀야지'라는 마음을 주신다면 그게 답이니까. 반면에 누가 봐도 좋다는 직장을 잘 다니고 있을지라도 갑자기 "네가 반드시 가야 할 길을 준비했어. 나와 함께 갈래?"라고 하신다면, 냉큼 Yes! 하며 따라나서야 하는 것이 부르심을 따르는 크리스천의 선택이다.

청년들이 질문하면 정말로 하나님과 직면해 보라고 하지만, 문제는 적지 않은 청년들은 하나님 앞에 어떻게 머무르는지 모르고, 하나님과 어떻게 교제하는지 모른다는 것이다. 오랜 기도 끝에 하나님이 주신 말씀을 받고 분연히 일어나 다시 출근하여 자신이 몸 담은 직장 문화를 바꿔 내고 하나님의 선교 역사에 기여한다는 것은 그다음 이야기다.

종종 예레미야서를 묵상할 때마다 하나님께서 바벨론 포로기 70년을 선언하시면서 "너희들 피눈물 나겠지만 그냥 거기서 애 낳고 밭 갈고 살아. 그게 내 뜻이야"라고 하셨을 때 이를 받는 이스라엘 백성의 심정이 어떠했을지 생각해 본다. 현실은 지옥 같지만 주님이 주신 '그 한 말씀'이 있기에 눈앞에 놓인 바벨론살이를 기꺼이 감당할 수 있었다. 그 한 말씀이 내게 그리고 우리에게 주어졌기에 가능한 일이지만, 그 한 말씀을 받을 만한 영성이 부재하다면 어떻게 해야 할까? 먼저 하나님과의 꾸준하고도 깊은 관계를 되짚어야 한다. 직장이 지옥 같다고 푸념하기 전에 이 질문이 더 중요하다.

모든 순간, 세상을 바꾸는 자

포항 한동대학교는 모교이다. 1990년대 중반에 세워져 그리 길지 않은 역사이지만 '기독교 대학'으로서 여러 참신한 교육실험을 했던 터라 대한민국 교육 영역에서 자주 언급되고 있다. 대학 시절 고 김영길 총장님으로부터 'Why not change the world?'와 '공부해서 남 주자'라는 말씀을 자주 들었다. 이 두 문장 즉 크리스천으로서 세상을 바꾸자는 외침, 하나님이 우리에게 주신 것을 세상에 흘려보내자는 외침에는 '선교 주체로서 우리 자신의 적극성'이 담겨 있다. 학부 생활 내내 이 두 메시지는 '인이 박였다'라고 할 만큼 깊이 내게 새겨졌다.

그래서인지 그 메시지들은 졸업 이후에도 나의 인생 나의 일상이 되었다. 두 메시지로 20대를 살고, 30대를 살았으며, 40

대를 살아가고 있다. 두 메시지로 남편이자 아빠로서, 직장인으로서, 기업 대표로서 살았으며, 선교 영역의 현장가로 살고 있다. 그야말로 내 삶 전체를 관통하고 있다.

특히 비즈니스 영역에 몸담았던 시절에는 두 메시지를 어떻게 일터에서 실현할 수 있을지 꽤 깊이 고민했다. 세상의 절대다수 기업들, 세상의 절대다수 사람들은 자본의 논리에 충실한 조직문화와 사업 현장을 펼쳐 가는데, 우리 회사의 내외부 이해관계자들을 수시로 살피며 '하나님의 백성으로서 진정 이 비즈니스 현장에서 이뤄야 하는 변화란 무엇인지' 고민하지 않을 수 없었다.

그러다 보니 일터 현장에서 만나는 사람들과의 관계가 달라지고 나를 스쳐 가는 행정과 돈의 흐름도 좀 더 유심히 보게 되었다. 목사이기 이전에 복음을 아는 자로서 기업 활동의 그 어느 것 하나 당연히 여겨서는 안 된다는 사실을 충분히 알 수 있었다.

하나님이 허락하신 대로

한동대 졸업생들 가운데 많은 이들은 나 같은 질문을 품고 살아간다. 단지 질문에 그치는 것이 아닌 예수의 복음이 전 생애에 미치고 있음을 보게 된다. 여기저기 한동대 졸업생들이 모인 자리에 가면 나 같은 졸업생들을 꽤 많이 볼 수 있다. 선

복음, 시장 한복판에 서다

교적 부르심을 가슴에 품은 사람으로서 대학생 때 가슴에 새긴 구호를 실제 일상에서 특히 비즈니스 현장에서 풀어내고 있다.

〈더 브릿지〉 이야기 : 황진솔 대표는 2006년 이사야 11장 6~9절 말씀을 묵상한다. '그때에'로 시작하는 본문에 이리가 어린 양과 함께 살아가는 하나님 나라의 풍경이 소개되고 있었다. 그는 말씀 묵상을 통해, 하나님께서 우리를 서로 다른 모습으로 창조하셨지만 이는 누가 더 잘나고 못나고가 아닌 서로가 서로를 존재 그 자체로 인정하고, 좀 더 많이 가진 이가 부족한 이를 돕고 세우며, 그렇게 모두 함께 아름답게 어울려 살아가는 세상을 꿈꾼다. 그리고 그 꿈을 기반으로 2013년 사회적기업 〈더 브릿지〉를 세운다.

더 브릿지의 비즈니스 모델은 '임팩트 기부'였다. 미국과 한국 등 여러 기부자가 개발도상국 사람들의 창업을 지원하면, 기부자의 재정으로 개발도상국 사람들이 창업에 필요한 교육을 받은 후 인큐베이팅을 받는다.

또한 창업할 때 일정한 수준의 재정 지원을 받게 되는데, 실제로 더 브릿지가 운영하는 '자립형 크라우드 펀딩 플랫폼'에서 1년 365일 여러 나라, 여러 종류의 펀딩 프로젝트들이 진행되고 있다는 것을 확인할 수 있다. '가나 여성들의 미래를 디자인하다', '네팔의 젊은 청년들을 꿈과 희망이 넘치는 호텔리어로!', '우간다 여성들의 희망을 키우는 베이커리', '르완다 청년

IT 전문가를 양성하는 코딩 교실' 등. 더 브릿지는 전 세계 50여 개 국가 현지인들의 자립 및 창업을 지원하고 있으며, 최근에 는 이 임팩트 기부 사업이 탈북민 지원으로 확대되어 통일 한 국 비전으로 이어지고 있다.

황진솔 대표는 현재 23명 직원들과 함께 더 브릿지 사업을 이어 나가고 있다. 더 브릿지는 개도국 현지인을 바라볼 때 파 트너요 사회 혁신가로 바라보며 이들을 세운다. 물론 당장은 기부의 수혜자요 교육 참가자 정도일 수 있으나, 먼 미래에 이 들이 더 브릿지의 파트너요 자기가 속한 지역과 이웃을 변화시 키는 사회 혁신가가 될 것을 기대한다. 실제로 개도국 창업자 와 탈북민 창업자들 가운데 다수가 지속가능한 자기 비즈니스 를 세워, 창업 시에 기부받았던 원금을 더 브릿지에 재기부하 고, 이를 넘어 더 브릿지의 정기 후원자가 되어 '수혜자'가 '기부 자'로 변화하는 미션을 달성해 가고 있다.

〈앤스페이스〉 이야기 : 정수현 대표는 대학생 시절 레위기 25장 23절 "토지를 영구히 팔지 말 것은 토지는 다 내 것임이니 라"라는 말씀에 영감을 받아 한동대를 졸업한 이후 공간 공유 기업 〈앤스페이스〉를 창업하였다. 공간 공유 플랫폼 '스페이스 클라우드'을 통해 이 시대 부동산들이 많은 이들에게 유익하게 또 효율적으로 공유되도록 이끌고 현재 100만 명 이상의 MZ세 대가 스페이스클라우드 서비스를 이용하고 있다.

한편 정 대표는 공유공간 '앤스테이블'을 통해 청년들이 합리적인 비용으로 주거 공간과 사무 공간을 확보하며 미래를 만들 수 있도록 돕고 있다. 나아가 커먼즈(commons) 운동은 한국 사회-경제 안에 건강한 부동산 매매 및 임대차 계약이 일어나고, 이를 통해 보다 많은 이들에게 효율적이고 효과적으로 하나님이 허락하신 토지를 활용하도록 이끄는 데 앞장서고 있다. 앤스페이스는 10년 차 기업으로서 국내 이용자 150만 명 이상이 사용하는 공간 비즈니스로 꾸준히 성장하고 있다.

〈향기내는사람들〉 이야기 : 임정택 대표는 대학생 시절 마태복음 25장 40절 "내가 진실로 너희에게 이르노니 너희가 여기 내 형제 중에 지극히 작은 자 하나에게 한 것이 곧 내게 한 것이니라"라는 말씀에 영감을 받았다. 특히 하나님으로부터 이 시대 정신장애인들을 섬기고 이들의 자립을 도우라는 마음을 받는다.

한동대 재학생 시절에 〈향기내는사람들〉을 창업한 임 대표는, 교내에 카페 '히즈빈스 1호점'을 세운다. 포항 지역의 정신장애인들을 만나고, 이들에게 바리스타 교육을 하고 훈련시켜 매장에서 일할 수 있는 커피 전문가로 세운다. 이들이 지속적으로 일할 수 있는 장(場)을 만들었다. 대한민국의 정신장애인들의 직업 유지율이 평균 18.3% 이하(3개월 이상)인데 반해 히즈빈스의 직업 유지율은 95%에 이른다.

국내외 히즈빈스 매장에서 10년 이상 일한 정신장애인들 가운데 어떤 이는 꿈에 그리던 대학에 진학하고 대학원을 졸업하여 교수가 되었고, 또 어떤 이는 꿈에 그리던 연애를 하고 결혼하여 가정을 이루었다. 올해 향기내는사람들은 15년 차이며, 국내외 35개 매장과 1개 공장을 운영하고 있다. 200명 직원들 가운데 150명 이상이 정신장애인으로 구성되어 있다.

일터 현장에서 7년 동안 소중한 것들을 배웠다. 하나님은 지금도 생생하게 살아 계시고 활발하게 일하신다는 것, 특히 그곳이 건물 교회 바깥이라는 점이다. 시장 한복판 일터 현장에서 하나님이 선교를 이루시기 위해 제자된 나와 크리스천 비즈니스 리더들을 통해 일하시는 임재와 사역을 목도하였다. 또한 개개인이 하나님의 선교를 이루는 주체임을 배웠다. 회사 문화에 눌려 바벨론 포로기를 살고 있는 듯해도 하나님은 날마다 우리를 깨우시며 작지만 소중한 가치를 창출해 내는 분이셨다. 시장과 일터 주변의 미신자, 타 종교인, 무신론자, 안티기독교인들 속에서 우리가 복음을 아는 자로서 살아갈 때 성령께서 도우시며 매 순간 삶의 자리마다 그분의 숨결과 체온을 불어넣으신다는 것, 때때로 찾아올 힘들고 벅찬 순간들 또한 하나님의 손에 있으며 그분이 이끌고 가신다는 것, 그것이 우리의 소망이다.

한 마을을 자립시키는
비즈니스

ㄱ대표는 동남아 A국에서 17년째 인쇄업체를 운영하고 있다. 회사에는 대표 부부를 비롯하여 80여 명의 A국 현지인 직원들(행정직 10명, 생산직 70명)이 함께하고 있다. 그의 회사는 현재까지 제과 제빵업, 신발 생산업 등을 주로 하는 국내 대기업과 중견기업들의 상품을 포장하는 인쇄물들을 제작하고, 그 외에도 일본, 대만, 싱가폴 등 여러 나라 기업들 상품에 동봉되는 인쇄물들을 만든다. 주문자들이 준 디자인 파일을 받아서 포장지를 인쇄하여 납품하는 일을 해 왔다.

ㄱ대표는 "우리 회사는 창업한 지 17년 됐는데 세무서에서 세무감사를 한 번도 안 나왔다"라고 했다. 해당 국가는 공무원 사회 차원에서나 개별 기업 차원에서나 부정부패가 만연한 곳으로 ㄱ대표의 회사는 지역 사회와 공공 기관으로부터 신망을 얻은 기업이다. 평소 세무서로부터 이 회사는 늘 규모에 비해서 세금을 많이 낸다는 말을 듣는데 그만큼 100% 경비 처리하고 100% 세금을 내기 때문이라고

한다. 다른 회사들은 분기별 납부할 때도 방식을 다르게 하며 돈을 아끼기 위해 여러 가지 편법을 쓰곤 하는데, ㄱ대표의 회사는 현지에서 정해준 법과 제도를 그대로 따른다고 한다. 보통 외국인 100% 회사라면 매년 현지 공무원들이 세금 문제로 찾아오는데 17년 동안 한 번도 안 오는 경우는 드물다고 한다.

그런 면에서 회사 경리 책임자의 회심 이야기는 매우 의미 있다. 어느 날 공무원이 ㄱ대표 부부에게 찾아와 "벌금으로 세금을 내야 한다"라고 했다. 적지 않은 액수였고, 보통의 경우에는 여러 가지 대화를 통해 벌금을 절반으로 낮추는 타협을 할 텐데 ㄱ대표의 아내는 "왜 이만큼의 벌금이 되었는지 근거를 말해 달라"라고 했고 실제로 그 근거를 보더니 일시에 벌금을 다 납부했다. 이 장면을 지켜보던 현지인 경리 책임자는 "이런 사람도 있구나. 기독교인들은 정직하다고 들었는데 정말로 정직하구나. 하나님 믿는 이들에게는 뭔가가 있다"면서 복음에 반응하는 모습을 보인다. 그리고 그로부터 한 달 후에 예수님을 영접하게 된다.

한편 ㄱ대표의 기업은 그 지역 인근에 있는 고산족(소수민족) 사람들을 꾸준히 고용하고 있다. 여기에는 선교적 목적도 있지만 나아가 이곳 소수민족 사람들의 경제적 자립을 돕기 위한 의도도 있다. 이곳 고산족들은 굉장히 가난하고 학력이 낮은 편인데, 흥미로운 것은 이들 대부분이 이미 예수님을 영접한 상태이다. 그중 상당수가 라디오 방송을 통해 복음을 받아들였다. 다만 예수님을 믿는데도 실제로 말씀에 대한 기쁨이나 삶의 실천은 없다.

이러한 상황 속에 ㄱ대표는 고산족 사람들을 고용하여 일터에서 함께 일하며 이들에게 급여를 주는 것은 물론, 이들과 매일 성경 공부를 하고 큐티를 한다. 이들 직원의 월급 중 일부를 십일조로 떼어 따로 구분하여 고산족 부락의 교회에 보내 준다. 서너 명이 이 회사에서 근무하는 동안 고산족 교회가 자연스럽게 유지되며 자립하는 구조이다. 나아가 직원들의 월급 일부를 모아 송아지를 사서 이를 한 마리씩 한 가정에 분양하여 50가구가 되는, 마을 전체가 지속가능한 구조에 들어가도록 돕고 있다.

한 명의 비즈니스 리더가 그 나라 도시에 자리 잡고 자신의 사업을 17년째 지속가능한 구조 위에 올려놓음도 대단한 일인데, 이를 넘어 그동안 일궈 온 일터 환경을 통해 고산족 젊은이들을 고용하여 고산족 마을에 총체적 변혁을 일으키는 것 또한 하나님 나라 백성이 담지한 변혁의 리더십 차원에서 매우 의미 있는 일이 아닐 수 없다.[1]

---

1) 각 장의 선교 현장 이야기는 저자 논문 〈사회주의 국가 BAM 기업들의 정착 성공 요인 연구: 북한 선교와의 연계를 고려하여〉(2022년, 박사학위 논문)와 〈로잔 운동의 총체적 선교와 선교지 BAM 기업 사례 간의 연속성 연구〉(2021년, KCI 등재) 내용을 요약, 편집하였다.

로잔운동, 총체적 선교
그리고 BAM

우리는 전 세계 선교 사역의 방향성을 제시해 온 로잔운동(Lau-sanne Movement)에 주목할 필요가 있다. 로잔운동은 예수 그리스도와 그분의 가르침을 전 세계 모든 지역에 증거하기 위해 복음주의 지도자들을 동원해 온 글로벌 차원의 선교운동이다. 로잔운동은 1974년 1차 로잔대회(스위스 로잔), 1989년 2차 로잔대회(필리핀 마닐라), 그리고 2010년 3차 로잔대회(남아공 케이프타운)에 이르기까지 매 대회마다 로잔언약, 마닐라선언, 케이프타운선언이라는 공식 문서를 내면서 세계 선교의 흐름과 방향을 정리해 왔다.

빌리 그레이엄 목사가 의장으로서 1차 로잔대회를 이끌었고, 영국의 복음주의 신학자 존 스토트가 로잔언약의 초안 작성을 주도한다. 이후 작성된 공식 문서들은 크리스천의 두 가지 사명 즉 복음 전도와 사회적 책임을 중심으로 '총체적 선교' 개념을 연속성 있게 발전시켜 왔다. 로잔운동의 공식 문서들 중에서 2010년에 작성된 〈케이프타운선언문〉은 선교의 개념과 방향성을 잘 정리해 놓은 문서로 평가받고 있다.

　로잔운동의 대회와 문서들은 복음 전도와 사회적 책임 모두를 선교의 영역으로 선언하며, 특히 비즈니스를 선교 실천의 영역으로 끌어들인다. 교회 기준으로 볼 때 마냥 속된 단어로 여겨지던 시장, 일터, 돈, 노동 등이 본격적으로 '하나님의 선교'의 장으로 편입되었다. 이는 지역 교회들이 기존의 목사 중심의 성직주의에서 벗어나, 비즈니스 현장을 선교 실천의 중요한 현장으로 인정하며, 비즈니스 세계의 주역인 일반 성도들 역시 선교를 실천하는 현장 사역자로서 인정하는 계기가 된다. 동시에 비즈니스 자체가 선교신학의 주체로 발전하게 된다. 이 책의 2장부터 7장의 〈더보기〉는 로잔운동의 공식 문서들 중에 케이프타운선언문과 Business As Mission 관련 문서들을 조명하고자 한다.

Chapter 2

하나님 나라의 현재를 살다

요즘 현대 문명의 발달사를 다룬 다큐멘터리를 볼 때마다 공통적으로 접하는 코멘트가 있다. "인간은 최근 100년 동안 인간 역사 전체를 통해 이뤄 낸 변화보다 훨씬 더 급격한 변화를 만들어 내고 있다." 그 인류 문명의 변화의 양과 질을 그래프 곡선으로 나타낼 때 이른 바 'J-커브' 형태인 것을 보게 된다.

실제로 전 세계는 이미 디지털 기술의 발달로 인해 초연결 사회에 진입했고, 이를 통해 사회적 관계가 형성되고 있다. 인공지능의 발달 역시 이제는 '인공지능' 단어 사용이 점점 뜸해질 정도로 우리가 사는 가전 기기에 기본 탑재되고 있는 시대가 되었다. 이처럼 시대와 세대 전체를 볼 때 자본, 기술, 문화가 역동적으로 변모하고 있고 그 힘이 나날이 강력해지고 있다. 그런 가운데 한 인간의 인식과 성찰, 분별 그리고 균형 잡힌

복음, 시장 한복판에 서다

생각의 틀이 중요해지고 있다.

그렇다면 우리의 복음, 교회, 선교는 어떠한가? 교회의 목회와 선교 현장은 그 변화와 성장 속도가 더디다. 패러다임의 변화를 가져오려면 먼저 왜 그래야 하는지 물어야 하는데, 질문을 그만둔 건 아닌지, 뭐라고 정의하기 어려운 답답함이 느껴진다.

한 영혼이 전적으로 변화되어 온전한 성도로 세워지기까지 긴 시간이 필요하다. 정치나 경제, 사회, 문화 등 세상의 여러 영역에 견고하게 자리 잡고 복음과 선교를 가로막고 있는 보이는 장애물과 보이지 않는 어려움들을 생각할 때는 더더욱 우리가 지닌 기독교 가치가 작고 연약하게 느껴질 수 있다.

1장에서 언급한 아브라함 카이퍼의 '영역 주권' 개념을 떠올려 보자. 그의 주장은 우리의 가슴을 뛰게 한다. 그는 "그리스도의 주권은 반드시 인간 삶의 모든 영역에서 인정되어야" 한다고 했고, "인간 삶의 모든 영역인 정치, 경제, 사회, 문화, 종교, 예술, 교육, 스포츠 등 각 영역이 지닌 고유한 주권은 그 누구도 침해할 수 없으며, 다만 각 영역은 그리스도의 통치 아래에서 하나님의 영광을 드러내야"[2] 한다고 했다. 하지만 현실의 우리에겐 그저 막연하고 요원해 보이는 구호 같고, 가야 할 길이 멀기만 하다.

─────── 2) 아브라함 카이퍼, "영역주권", 서울 : 도서출판 다함(2020), p. 36

대학 시절, 처음 '영역 주권'을 접할 때 나의 반응이 딱 그랬다. 머리로는 '맞는 얘기'라는 것을 알게 되었더라도 그 무렵에 내 삶의 현장들은 멀찌감치 둘러보기만 해도 곳곳이 무너져 있었기 때문이었다. 가정과 학교, 일터, 교회 등에서 이해할 수 없는 총체적 부실과 난관이 보였고, 그런 상황에 익숙해진 나에겐 영역 주권이 요원하게만 보였을 것이다. 당시에 하나님의 통치에 대한 개념, 그리고 하나님이 그분의 나라를 넓혀 가는 방식을 모두 이해하기엔 나의 이해의 폭이 좁았을지도 모른다.

위대한 비전, 하나님의 통치

'하나님 나라'는 신구약성경 전체를 관통하는 핵심 개념이다. 성경 본문 안에 하나님 나라가 'kingdom of heaven'으로 나타났든 'kingdom of God'으로 나타났든 결국 이들이 드러내는 것은 한 가지이다. 바로 하나님의 통치다. 백성, 땅, 주권에 대한 개념들을 모두 품고 있는 하나님의 통치는 미래적이기도 하고 또한 현재적이기도 하다. 미래적이라는 말은 우리 인간들이 죽음 이후에 맞이할 영원한 통치요 동시에 이 땅의 역사가 끝나고 새로이 시작될 궁극적인 통치를 말한다.

여기서 현재적이라는 표현은 '지금 여기' 우리의 삶, 우리의 역사 가운데서 여전히 이루어지고 있고, 계속해서 확장되고 펼쳐져 나아가는 하나님의 통치를 말한다. 'Already but not yet(이미 그러나 아직)'은 예수 그리스도의 십자가와 부활 사건으로 인해 이미 최종적인 승리가 이뤄졌으나 우리 성도들이 여전히 이 땅을 살며 삶이 다하기까지 계속해서 이뤄 가야 할 승리 그리고 그에 대한 성도들의 책임을 잘 표현하고 있다.

구약성경에서 하나님의 통치는 주로 왕, 제사장, 선지자를 통해 이뤄졌다. 하나님의 직접적인 계시 외에도 모세 시대에 새겨진 십계명을 중심으로 하나님의 통치가 이루어졌는데, 특히 '하나님 나라' 개념은 예언서들에서 주로 종말론적인 표현 '그날에는'이 병행되어 언급된다. 그날에는 메시아가 이 땅에서 그동안 이스라엘을 괴롭혔던 모든 악의 무리들을 최종적으로 벌하며 소탕하고 한편으로 이스라엘 백성들로 하여금 영원한 구원과 신원의 날을 누리게 하신다는 내용이다. 이 땅에 메시아가 오면.

예수의 복음 = 하나님 나라

신약성경 사복음서는 예수 그리스도의 생애와 죽음, 부활의 이야기를 담은 책들이다. 사복음서가 예수님에 대한 정말 많은 이야기들을 촘촘히 담고 있는 가운데 이 모든 단어와 내용을 쫄이고 쫄이고 또 쫄이면 무엇이 남을까? 사람들마다 의견이 분분하겠지만 적지 않은 신학자와 목회자들은 '예수의 복음 = 하나님 나라'라는 데 이의를 달지 않는다. 마가복음 1장 14~15

절을 보면 힌트를 얻을 수 있다.

> 14 요한이 잡힌 후 예수께서 갈릴리에 오셔서 하나님의 복음
> 을 전파하여 15 이르시되 때가 찼고 하나님의 나라가 가까이
> 왔으니 회개하고 복음을 믿으라 하시더라 _마가복음 1:14~15

예수께서 공생애를 시작하시면서 외친 첫 메시지는 본질적
으로 하나님의 복음인데 그 중심에는 하나님의 나라가 가까이
왔다는 내용이 있다. 여기서 가까이 왔다는 표현은 시제로 볼
때 방금 막 도착했다는 의미로 받아들일 수 있다. 예수 그리스
도의 오심으로 인해 하나님의 통치가 이제 막 도착했으니 우리
모든 사람들에게 주어진 당연한 반응은 회개하고 복음을 믿는
것이다.

약속의 핵심은 '새 영'이다. 하나님의 다스림은 이미 구약시
대에도 존재했다. 왕, 제사장, 선지자를 통한 다스림이었고 십
계명을 중심으로 한 다스림이었다. 그러나 하나님은 바벨론 포
로기를 거치면서 언약의 갱신 과정 속에서 이스라엘 백성에게
의미 있는 약속을 하신다. 그 내용이 예레미야 31장 33절과 에
스겔 36장 26~27절에 나온다.

> 33 그러나 그 날 후에 내가 이스라엘 집과 맺을 언약은 이러하
> 니 곧 내가 나의 법을 그들의 속에 두며 그들의 마음에 기록하

복음, 시장 한복판에 서다

여 나는 그들의 하나님이 되고 그들은 내 백성이 될 것이라 여호와의 말씀이니라 _예레미야 31:33

26 또 새 영을 너희 속에 두고 새 마음을 너희에게 주되 너희 육신에서 굳은 마음을 제거하고 부드러운 마음을 줄 것이며 27 또 내 영을 너희 속에 두어 너희로 내 율례를 행하게 하리니 너희가 내 규례를 지켜 행할지라 _에스겔 36:26~27

하나님이 주신 갱신된 약속의 핵심은 새 영이다. 이전에는 하나님이 보내신 리더들의 말을 듣고 돌판에 새겨진 율법을 지켜야 하는 입장이었지만 그날 이후에 새 영 즉 성령께서 우리 모든 성도의 마음속에 들어오셔서 진정 마음으로부터 우러나오는 하나님 백성다운 삶을 살게 하시겠다는 선언이다.

겨자씨와 누룩의 비유

하나님 나라 백성들이 마음으로부터 변화되어 하나님의 통치에 참여한다는 내용은 실제 예수님의 비유 안에서도 확인할 수 있다. 예수께서 "천국은 마치"라고 하며 하나님의 통치 방식에 대한 주요한 비유를 주셨는데 대표적인 예로 마태복음 13장의 말씀을 들 수 있다.

³¹ 또 비유를 들어 이르시되 천국은 마치 사람이 자기 밭에 갖다 심은 겨자씨 한 알 같으니 ³² 이는 모든 씨보다 작은 것이로되 자란 후에는 풀보다 커서 나무가 되매 공중의 새들이 와서 그 가지에 깃들이느니라 ³³ 또 비유로 말씀하시되 천국은 마치 여자가 가루 서 말 속에 갖다 넣어 전부 부풀게 한 누룩과 같으니라 _마태복음 13:31~33

겨자씨 한 알과 누룩의 비유다. 이 둘의 공통점은 본래 크기가 작고 사소해 보인다는 점이다. 겨자씨 한 알은 좁쌀보다 작은 정도로 손톱으로 잡을 때 쉬이 빠져나갈 만큼 그 크기가 아주 작다. 그러나 그 한 알이 심기고 1년이 지나면 3~4미터 크기로 성장하여 최초의 크기가 생각나지 않을 정도로 수백 배, 수천 배 크기의 나무가 된다. 누룩 역시 밀가루 서 말에 누룩 한 줌을 넣으면 부풀어 올라 빵의 부피도 늘어나고 발효가 되어 밀가루의 성질을 변화시킨다. 밀가루 그 자체는 밋밋하고 맛이 없지만, 누룩이 들어가 부풀게 하면서 구수한 빵이 되는 것이다.

이 두 비유가 나타내는 것은 '하나님 나라의 확장'이다. 갈릴리에서 예수가 외친 하나님의 복음 그 시작은 매우 작고 사소했다. 열두 제자들을 세우고 이들을 양육하던 때에도 그랬다. 그러나 오순절 성령 강림 사건이 일어나면서 예수의 복음은 성령을 받은 제자들로 인해 예루살렘과 온 유대와 사마리아와 땅끝까지 확장되는 양상을 띤다. 때로는 장애물에 걸려 지체되

복음, 시장 한복판에 서다

고 때로는 순교자를 낳을 때도 있었지만, 하나님 나라를 품은 예수의 복음은 미국과 유럽을 거치고 또 여러 선교사들을 통해 우리가 살고 있는 한국 땅에 당도하게 되었다. 그 복음은 지금도 수많은 사역자들을 통해 무슬림권, 힌두권, 사회주의 국가를 포함하여 복음이 아직 닿지 않은 곳으로 점진적으로 퍼져나가고 있다.

한 사람을 통하여

우리는 하나님 나라의 확장 방식에 주목해야 한다. 앞서 예레미야서와 에스겔서에서 강조되었듯이 하나님이 세상을 바꾸는 방식은 한 사람이고, 그 한 사람의 내면이다. 한 사람이 복음을 접하고 예수를 그리스도로 영접하는 순간 바로 그때부터 그 사람의 내면은 물론 그를 둘러싼 모든 것에 변화가 일어나기 시작한다.

복음과 성령은 그 사람의 성품을 변화시킨다. 그 사람의 세계관 즉 그가 세상을 바라보는 관점을 변화시킨다. 그 사람의 리더십 스타일 즉 주변 사람들과의 관계성과 영향력 끼치는 과정을 변화시킨다. 그 사람의 라이프 스타일 즉 일상에서 생활하는 방식이 통째로 바뀐다.

이러한 변화는 한 개인의 내면에만 머물지 않는다. 그의 변화된 생각과 마음가짐, 삶의 양식은 그 주변의 가족과 일터 동료들에게 영향을 끼친다. 그것이 좀 더 큰 차원으로 확장될 때 우리는 사회적, 경제적, 환경적 변혁이 일어나는 것을 보게 된다. 이것이 바로 예수께서 부활 승천하신 뒤 사도행전을 통해 경험된 일이며, 2천여 년이 지난 지금 비즈니스 세계에서도 동일하게 일어나고 있다.

예수께서 이 땅에 오실 때 좀 더 물리적이고 가시적이며 압도적인 모습으로 오셨으면 어땠을까? 나는 가끔 생각해 본다. 어린 아기, 말구유 이런 이야기 말고. 세계 경제를 압도하고 온 인류를 먹여 살릴 만큼 엄청난 양의 돈과 귀금속을 온몸에 두른 재벌의 모습으로 오셨으면 어땠을까? 최첨단의 전투기와 압도적인 공격력을 갖춘 탱크들을 대동한 장군의 모습으로 오셨으면 어땠을까? 외모도, 몸매도, 노래도, 언변도 화려하고 곱상한 연예인의 모습으로 오셨으면 어땠을까? 그랬다면 세상 사람들 모두 한눈에 반하고 너도나도 만나려 하며 그 무릎을 꿇어 경배하지 않았을까? 그러나 우리 예수님은 그런 모습으로 오시지 않았다.

하나님 나라, 그분의 통치는 한 사람 그리고 그 한 사람의 내면에서 시작된다. 그 한 사람을 향한 성령의 임재와 내주 그리고 능력으로 시작되고 그러한 이들이 모여 교회를 이루고 그러한 이들이 모여 하나님의 선교를 이뤄 나가는 것이다. 거기에는 어떠한 강제도 어떠한 압박도 없다. 순결하고 온유하며 겸손하신 그분의 방식대로 한 명 또 한 명이 자발적으로 순종

복음, 시장 한복판에 서다

하며 복음적 삶, 선교적 삶을 살아가는 것이다.

놀라운 일이다. 앞서 언급했듯이 자본과 기술과 문화가 물리적 세계에서 실제적 힘을 발휘하는 지금도 수많은 크리스천이 보이지 않는 하나님 나라의 역사를 느끼고 누리며 또 이를 통해 비즈니스 세계에서 일상의 삶을 일구어 가고 있는 이 실재는 놀라운 일이 아닐 수 없다.

지금도 확장하는 하나님 나라. 이 시대, 이 세대 속에서도 여전히 확장되고 있다. 이는 우리 자신의 어떠함, 우리가 섬기는 지역 교회의 어떠함, 한국 사회-경제 양상의 어떠함과는 또 다른 차원의 전개이다. 내가 보기에 어떻든 그리고 한국 교회 분위기가 어떻든 그와는 상관없이 하나님은 대한민국은 물론 글로벌 여기저기에서 그분의 선교를 이뤄 가고 계시다. 묵묵히. 꾸준히. 계속해서 주님의 사람들이 늘어나고 있고 이들이 사역자로 세워지고 있으며 주님의 교회가 튼실하게 성장하고 확대되고 있다.

여러 국제 선교 회의들을 통해 외국인 사역자들과 마주하며 '이 좁디좁은 한국 땅에, 한국 교회 안에 갇혀 있다 보니 열방을 다스리시는 하나님의 선교를 근시안적이고 짧은 호흡으로 보고 있구나. 마치 내가 보고 느끼는 것이 전부인 마냥' 느낄 때가 많다.

결국 내가 느끼는 것은 그저 나의 느낌일 뿐이다. 한국의 사회-경제 양상이 어렵다고 혹은 한국 교회 목회와 선교 상황이 어렵다고 하나님의 선교 또한 어려움에 처한 것처럼 여기곤 하는 것이다. 그래서 그런지 가급적이면 다른 나라, 다른 지역 사역자들과 더 자주 연락하며 교제를 나누려 애쓰고 있다. 우리 자신의 어떠함과 상관없이 하나님 나라는 지금도 계속 확장에 확장을 거듭하고 있다.

가정에 임한 하나님 나라

3대째 신앙인인 나는 어머니 배 속 때부터 어머니와 함께 새벽예배를 다녔다. 그러나 아버지는 교회를 다니지 않았다. 종종 "하나님 나라가 바로 나로부터 시작된다"라는 외침을 듣노라면 늘 하나의 장면이 떠오른다. 미신자였던 아버지와의 관계에 관한 나의 이야기다.

어린 시절부터 일요일이면 어머니를 따라 여동생과 함께 교회에서 예배하고 부서 활동을 했으나 아버지는 언제나 집에 계셨다. 초등학교 때만 해도 "교회 다녀올게요" 하면 별다른 대꾸가 없으셨던 아버지였다. 중학교 2학년 되던 해, 교회 겨울 수련회에서 성령 체험을 한 이후 상황은 아주 달라졌다.

중등부 겨울 수련회에서 예수님을 주님으로 영접하게 된 바로 그 자리에서 "내 인생을 주님께 드리겠습니다. 평생 목사로 살겠습니다"라고 고백해 버렸던 것이다. 그뿐인가. 대학 시절 예수전도단 주최 선교 컨퍼런스에서는 "선교사로 살겠습니다"

복음, 시장 한복판에 서다

라고 선포하며 또 한 번 깊이 헌신을 다짐하고 말았다.

그러니까 중2 때 교회 겨울 수련회 이후 아버지 앞에서 "신학교에 진학할 겁니다"라고 말씀드렸고, 이는 잠자고 있던 아버지의 안티기독교인 본능을 일깨우게 되었다. 나와 아버지의 관계는 너무나 멀어졌다. 신학교 가겠다고 아버지에게 말씀드린 이후 반대와 핍박이 시작되었다.

그동안 일요일에 예배 후 부서 활동까지는 마지못해 허락하셨다는 것을 암묵적으로 알고 있었지만, 그날 이후 모든 것이 바뀌었다. 극렬하게 신앙생활을 반대하셨다. 얼마나 심했는지 따로 적지는 않겠다. 점잖고 부드러운 분이라고 믿었던 아버지의 말과 행동은 '어떻게 이렇게 달라질 수 있지?'라고 할 정도로 모든 것을 바꾸어 버렸다.

나와 아버지의 반목은 대학생이 되어서도 계속되었다. 고등학교 졸업 후 천신만고 끝에 신학교에 진학했지만, 아버지를 마주할 때면 매 순간 가시방석이었고 하루하루가 전쟁터였다. 나는 하나님이 주신 나의 길을 외쳤고, 아버지는 늘 강한 언어로 온갖 비교 의식과 열등감과 두려움을 조장하며 내 길을 바꾸려 드셨다. 때때로 물리적인 방법을 쓰시기도 했다.

주의 길을 방해하는 사단 마귀의 권세를 대적하며 아버지에게 강하게 반항하는 것이 주님의 뜻이라 생각했다. 교회 다녀오면 집에서는 늘 전쟁이었고 선교단체 수련회 같은 좀 더 뜨거운 모임에 다녀오면 그만큼 더 큰 전쟁이 기다리고 있었다.

집 안은 살얼음판이었고 끊임없이 총성 없는 전투 상황이었다.

돌이켜 보면 그때 신앙이 참 어렸다. 좀 더 성숙했다면 정말이지 지금의 1/10 정도만 성숙했다면 그처럼 강하게 아버지와의 반목 상황을 이어 가진 않았을 것이다. 먼저 복음을 아는 자답게 주님 안에서 나 자신을 꺾으며 아버지를 더 사랑하고 더 잘 섬겼을 텐데, 더 많이 그 마음을 헤아려 드리며 최대한 따뜻하고 온건한 분위기를 만들려 애썼을 텐데 그때는 어려도 너무 어렸다. 똑같이 신학교를 다니고 목사의 길을 고집하더라도, 그때와는 전혀 다른 방식으로 아버지와 나의 관계를 맺으려 하지 않았을까 싶다.

성령께서 묻다, 니 아버지는?

20대에 아버지와의 극한 투쟁을 이어 갈 무렵이었다. 선교단체 여름 수련회를 마치고 집으로 돌아오는 길에서 여지없이 굳게 다짐해야 했다. 여름 수련회 가운데 은혜받은 터라 직감적으로 집에 가면 또 살벌하게 한 판 크게 아버지와 반목하게 될 거라고 예상하고 있었다. 아니나 다를까, 그렇게 무거운 발걸음을 옮겨 집 안에 들어서자마자 아버지와의 충돌이 시작되었다. 아버지와의 다툼은 한 시간이 넘게 이어졌을 것이다.

상한 마음으로 내 방에 있게 되자 마음 한구석에서 신음이 흘러나왔다. '주님, 도대체 언제까지 이래야 합니까? 신학교 친구들은 가족의 지지를 받으며 공부하는데 저는 이렇게 핍박을 당하고 어려움을 겪어야 합니까?' 마침내 무릎 꿇고 기도하는데 돌연 마음속 깊은 곳에서 세미한 음성이 느껴졌다. '니 아버지는? 니 아버지는 어떻게 하려고?' 내겐 뜬금없는 질문이었다. 성령께서 한마디 더하시는 듯했다. '네 아빠는 크리스마스 때마다 혼자였다.' 정말 그랬다. 그날 이후 '아버지는 혼자'라는 울림이 내 마음을 가득 차지했다.

매년 성탄 전야가 되면 모두들 들떠서 성탄의 기쁨을 누리고, 믿는 이들은 교회에서 성탄 전야의 축제를 즐겼다. 어머니도, 나도, 동생도 마찬가지였다. 그때마다 아버지가 혼자 남겨져 외롭게 시간을 보내야 했음을 생각나게 하셨다.

성탄 전야가 축제라는 사실은 당연한 팩트였고, 믿는 사람들에게는 더욱 당연한 일이었기에 나에게는 새삼스러운 깨우침이었다. '그럼, 어떻게 하면 좋겠습니까?' 성령께 물었고 '매일 아버지를 안아 드리라'는 마음을 주셨다. 아버지와 반목한 시간이 얼마인가? 내겐 너무나 어려운 과제였다.

아버지와 반목하며 지낸 시간이 길었고 여전히 차갑게 부딪치고 있는데, 어느 날 갑자기 아버지에게 다가가 허그를 청한다는 것은 상상하기 어려웠다. 그래서 처음엔 그 음성에 애써 모른 척도 해 보았지만 성령께서는 끝까지 나를 밀어붙이셨다.

어색하고도 긴장감 가득했던 아버지와의 첫 허그가 지금도 생각난다. 그 날도 아버지는 거실에서 신문 보고 계셨다. 내가 허그하러 다가가자 살짝 긴장한 표정을 지으셨다. 첫 번째 허그는, 허그라고 하기가 민망할 정도로 어정쩡했다. 어쨌든…한 번 하고 나니, 이후엔 자신감이 붙었다. 매번 쉽지 않은 일이었지만 그래도 시간이 지남에 따라 점점 서로에게 익숙해졌고, 무엇보다도 매일 포옹하다 보니 일상 속에서 아버지께 함부로 언어의 창을 던지는 횟수도 많이 줄었다. 그렇게 하루하루 꾸준히 성령님께 순종했다. 성령께서 하신 일이라면 뭔가 아버지의 태도와 입장, 언행이 드라마틱하게 바뀌어야 하지 않는가. 그러나 아무 일도 일어나지 않았다. 1년이 지나고 2년이 지나도 아버지에게 별다른 변화가 보이지 않았다.

허그를 시작한 지 3년쯤 지났을 때였다. 그날따라 너무 바빠 서둘러 외출하려던 중이었다. 현관을 나서려는 찰나 아버지 목소리가 크게 들렸다. "야~ 이찬욱!" 이찬욱은 내 실명이다. 아버지는 자상함이라고는 찾아볼 수 없는 퉁명스러운 톤으로 부르셨다. 빨리 나가야 되는데 또 무슨 말로 속을 긁으시려는 건지, 내심 불편한 마음으로 아버지께 다가갔다. 그러자 무뚝뚝하게 한마디 더 건네셨다. "찬욱아, 오늘은 안 안아 주냐?" 아버지가 허그를 원한다고 말씀하신 것이다. 뭐라 표현할 수 없는 감동이 솟아올랐다. 아버지가 최근 3년 사이에 많이 변화되셨다는 것을 느낄 수 있었다. 뭐랄까 단순히 허그에 익숙해졌다기보다 차디찬 감정이 따뜻해지셨다는 생각이었다. 실제로 아버지의 최근 언행에서는 비난과 저주가 줄었고 반목과 충돌은 거의 사라진 것을 발견했다.

은혜의 시작, 아버지와의 허그

시간이 지나, 우연한 기회에 어머니와 대화를 나누다가 아버지의 성장기를 듣게 되었다. 아버지는 평생 할아버지의 인정과 존중과 사랑을 받지 못한 분이었다. 어느 아이나 부모로부터 일정 수준 이상 인정과 존중과 사랑을 받으며 자라야 온전한 자아 온전한 개인으로 성장할 수 있는 발판이 생기는데, 비교 의식과 열등감, 두려움을 자초하는 말들을 수시로 들어야 했던 아버지는 부모 사랑을 기대할 수 없었다.

할아버지는 30대 나이에 지역 교회 장로로 세워지셨다는데, 교회에서는 책임감 있고 충성스러운 장로였으나 아들에게는 부모로서 좋은 본이 되지 못하신 듯 했다. 할아버지는 한 가정의 가장으로 일제강점기, 한국전쟁, 보릿고개, 산업화와 민주화 시기 등 그야말로 격동기를 살아 내셨지만 실상 할아버지를 향한 아버지의 마음은 그 시절의 고단함을 모르지 않으면서도 부자간의 아쉬운 관계성을 받아들이기 쉽지 않았던 것이다. 또한 당시 아버지의 다른 형제들 역시 교회에서는 신실한 크리스천이며 충성된 일꾼이지만 교회 바깥의 일상에서는 많이 다른 모습인 듯 보였다. 이런 이유로 아버지가 안티기독교인이 되신 것은 아닌지, 어머니는 그렇게 이해하려고 하셨다.

그렇게 한창 교회에 대해 그리고 기독교인들에 대해 감정이 안 좋은 상황에, 어느 날 아들이 신학교 진학을 선포했으니 아버지 입장에서는 얼마나 당황스러우셨을까. 게다가 목사가 되겠다고 선언했으니 어찌 아쉬움과 섭섭함이 없었겠는가. 마치 아버지로서는 신에게 아들을 빼앗긴 기분이었을 것이다.

아버지는 폐암으로 소천하셨다. 2011년 폐암 말기 판정을 받고 3년여 시간을 더 사셨는데, 감사하게도 그 사이에 예수님을 구주로 영접하고 교회 공동체에 출석하셨다. 아버지가 일찍 돌아가셔서 아들의 도리를 다하지 못한 아쉬움이 여전하지만, 마지막 순간에 예수님을 구주로 영접하고 또 세례를 받으셔서 감사하다.

자주 생각한다. 우리 가정에 임한 은혜의 시작은 아버지와의 허그가 아니었을까. 이런 나름의 확신이 내 마음을 훈훈하게 한다. 아버지의 영접과 세례는 첫 허그가 있고 시간이 꽤 흐른 뒤에 일어난 일이긴 해도 그때 그 사건이 시발점이 아니겠는가. 아버지의 마음이 복음을 향해 활짝 열리게 된 근원이라고 믿는다.

실제로 아버지를 한 번 안아 본 이후 난 더욱 자주 안아 드리려 애썼다. 평생 당신의 아버지에게는 물론 주변 사람들로부터 온전한 존중, 온전한 인정, 온전한 사랑을 경험해 본 적 없던 아버지였기에 나름대로 최고의 것들을 드리고 싶었다. 아버지 댁에 갈 때마다 안아 드리며 "마음 깊이 사랑합니다"라고 고백하는 것이 최고의 선물이기를 바랐다.

아버지께서 떠나기 며칠 전, 모든 힘이 빠져 가만히 눈을 감은 채 누워 계셨다. 나는 아버지의 머리카락을 쓰다듬으며 축복의 말씀을 드렸다. "아버지, 아버지는 제 인생 최고의 사랑이세요. 대한민국 역사 속 그 무수한 어려움의 시간을 보내며 저와 동생을 잘 키워 주신 것에 마음을 담아 최고의 존경과 사랑을 드립니다. 훌륭한 인생 사셨습니다. 수고 많으셨어요. 하나님께서 잘했다 하실 거예요." 아버지의 눈에서 주르르 눈물이 흘러내렸다. 그 시간에 그렇게 최고의 찬사를 드릴 수 있어서 지금도 감사하다.

변화의 대상? 바로 나!

하나님 나라를 생각할 땐 늘 아버지와의 관계가 떠오른다. 대학 시절에 마음 가운데 성령의 임재하심을 알았고, 내 삶에서 하나님의 통치가 시작되었을 때 가정이 변화됨을 경험한 것이다. 당시 '주님, 더 좋은 환경을 허락해 주세요. 아버지를 변화시켜 주세요'라고 기도했는데, 하나님의 관점에서 볼 때 정말로 변해야 할 사람은 바로 나라는 사실을 깨우치셨다. 마음 가운데 하나님의 통치가 온전히 임했을 때, 그리고 그 통치 앞에 무릎을 꿇으며 온전히 순종하기로 결정했을 때, 하나님이 마련하신 작지만 의미 있는 기적이 일어난다. 그 기적은 바로 나 한 사람의 변화로부터 시작되었음을 알게 되었다.

이 과정을 통해 '하나님의 선교'에 대해 새로 배울 수 있었다. 하나님의 선교란 궁극적으로 한 사람인 나의 변화였고, 그 변화는 내 안의 완고함이 깨어지면서 시작되었다. 누군가가 바뀌고, 주변 환경과 상황이 변하는 것도 중요하지만, 날마다 해야 할 중요한 질문은 이것이다. "주님, 저는 주님이 쓰시기에 좋은 사람입니까? 제가 선교에 방해가 되고 있진 않습니까? 주님 쓰시기에 좋은 도구가 되도록 다듬어 주십시오."

로잔운동의 리더 중 하나인 크리스토퍼 라이트(Christopher J. H. Wright)가 한국에 방문하여 선교에 대해 강의했을 때 한 목회자가 질문을 던졌다. "지금 기독교 선교에서 가장 큰 장애물은 무엇이라고 생각하십니까?" 현장에 있던 모든 청중이 크리스토퍼 라이트의 답에 귀를 기울였다. 모르긴 몰라도 다들 강사가 뭐라고 대답할까 궁금했으리라. 무슬림이라고 할지, 무신론이라고 할지, 포스트모더니즘이라고 할지, 대답을 기다리는데 그가 말했다. "지금 이 시대 기독교 선교에서 최대 방해물은 바로 우리 자신입니다. 저와 여러분이 선교의 방해물이 될 수 있습니다." 나는 전적으로 동의한다. 내 경우, 아버지가 회심하는데 가장 큰 장애물은 아버지와 강대강으로 버티던 나였다. 교만하고 완고했던 크리스천, 나!

한 사람이 돌아오기까지

아버지의 회심과 변화는 미신자 한 사람이 주께로 돌아오는 데 얼마나 많은 건강한 크리스천들의 섬김과 정성이 필요한지를 생각하게 했다. 우리가 당장 길거리나 전철역에서 '예수 천당 불신 지옥'을 외치며 복음을 외칠 수 있고, 해외 미전도 종족에게 나아가 사영리 소책자를 이용해 복음을 읽어 주며 영접 기도까지 이끌어 낼 수도 있다. 이 또한 여전히 소중한 선교 사역이고, 주님께서 귀히 보시는 일이다. 하지만 한 영혼이 복음을 들은 뒤 전인적인 변화를 겪고 그 마음과 생각이 통째로 갈아엎어지는 데는 많은 시간이 필요하고 주변 성도들의 꾸준한 섬김이 필요하다는 것 또한 엄연한 사실이다.

아버지의 경우가 그랬다. 이 한 명의 무신론자요 안티기독교인이 하나님께 마음의 문을 열고 그분 앞에 나아오는 데 십수 년이 필요했다. 특히 아버지에게 가장 큰 빗장은 주변 크리스천들의 올바르지 못한 행실이었다. 할아버지와 아버지 형제들로부터 시작된 기독교인에 대한 실망감과 상처도 그랬지만, 사업하는 과정에서 만난 업계 크리스천 기업인들, 그리고 일터에서 함께 하는 크리스천 피고용인들의 언행은 아버지와 하나님 사이의 간극을 더욱더 크게 벌려 놓았다.

그 수십 년간의 안타까운 나날이 이제 당신의 아들과의 관계 회복을 하면서 뭔가 차분히 하나씩 풀어졌다는 사실은 어쩌면 지금 한국 교회의 선교 방식에서도 하나의 좋은 예가 되지 않을까 싶다.

코로나 팬데믹 이후에 한국 사회에 가나안 성도들, 무신론자와 안티기독교인들이 더욱 늘어나 있다. 차라리 불교인이 많아지고 무슬림이 많아진 것이라면 익숙하겠는데 가나안 성도, 무신론자와 안티기독교인의 존재는 우리에게 또 다른 숙제를 안겨 주고 있다. 여전히 노방전도나 일회성 전도 집회도 이어져야겠지만, 성도들 각자 하나님 나라를 전달하는 데 좀 더 세심한 과정이 필요하지 않을까. 무엇보다 일상의 선교 즉 선교적 삶(missional life)의 중요성이 배가된 시점이 아닌가. 내게 주신 하나님 나라가 대학생이었던 내 삶 안에 통치력을 발산하여 열매를 맺고 아버지의 삶으로 옮겨 가 또 다른 통치의 영역을 확장한 것처럼 하나님의 통치 그 확산 방식은 신비롭다.

이번 장에서 예수의 복음 즉 하나님 나라에 대해 나눴다. 2천 년 전 예수님이 갈릴리 지경에서 외치신 그 복음이 십자가 사건과 부활, 승천, 그리고 오순절 강림 사건 이후 예수의 제자들을 통해 본격적으로 전 세계로 전해지고, 그 복음이 유럽과 미 대륙을 거쳐 한국 교회에 전해졌다. 마찬가지로 나의 인생과 사역에 임한 하나님의 통치를 통해 자본주의 시장경제 아래 일상에서, 일터에서 하나님의 통치를 받으며 하나님 나라 백성답게 살아가려는 크리스천을 만난다. 사도행전의 역사는 지금도 그대로 이어지고 있다.

복음, 시장 한복판에 서다

사회적 약자와 함께하는 비즈니스

ㄴ대표가 동구권 B국에 처음 도착한 때는 2013년 3월이었다. B국은 동구권 체제 전환국으로 1990년 이전까지는 구소련, 유고슬라비아 등과 함께 사회주의 체제를 유지했고, 이들의 몰락 이후 탈공산주의 과정이 진행했는데, 그 체제 전환의 과정에서 심한 내홍과 부침을 겪은 나라다. 체제 전환 과정으로 인해 실업률이 급등하고 나라 전체가 극심한 빈곤에 시달리게 되었는데, 먹고살 방안이 없다 보니 이 나라 부모들은 15세부터 30세 이전까지 연령대의 자기 자녀들을 인근 이탈리아나 그리스 같은 일자리가 있는 나라들로 내보낸다. 수많은 B국의 젊은이들이 부모의 뜻에 의해서든 자의로든 고국을 떠나 청소부, 웨이트리스, 수리공 등으로 일한다.

ㄴ대표는 체제 전환 이후 빈부격차가 극단적으로 커진 가운데 부쩍 숫자가 늘어난 고아원 출신자, 탈매춘 재활 여성들, 장애인들, 감옥 출소자들에 주목한다. 이들의 생계와 진로가 전혀 보장되지 않음

과 국가로부터 최소한의 보호와 복지 혜택도 전혀 받지 못하는 현실에 주목한다. 이들을 사역의 대상으로 정하며, 이들과 일터 상황 속에서 더불어 살아가는 과정을 만들고 그 안에서 복음 전달의 기회를 찾으려 한다.

ㄴ대표가 운영하는 바리스타 학교 1기생 중 집시가 있었다. B국에서 집시는 사람이 아니다. 여기 사람들은 '집시는 동물 다음'이라고 한다. 짐승 같은 삶을 산다 하여 자기네들과 똑같은 사람이라 생각하지 않는다. 집시 부모들은 아이들을 구걸시켜 돈을 벌기 위해 학교에 안 보낸다. 집시들의 교육 문제가 심각하다. 집시들은 공산주의 때보다 더 열악한 상황에 처하게 되었다.

집시 아이가 바리스타 수업에 들어왔다. 물어보니 이른 나이에 결혼하여 가장이라고 한다. 취업하려는 곳곳마다 집시라는 이유로 잘린다고 했다. B국 고용주들은 돈이 없어지면 '집시가 돈에 손을 댔다'고 하며 이 아이를 해고했다. 정작 본인은 한곳에서 장기적으로 오래 일하고 싶은데 말이다. ㄴ대표는 가장이라 하니 이 아이를 고용하고 싶은데 바리스타면서 집시라면 사람들 앞에 보여지는 것이 문제될 듯하여 주방 일을 훈련할 수 있는 요리 학교를 알아봤다. 학교의 학비 수준이 아이가 낼 수 있는 돈도 아니고 누가 내줄 수 없는 상황이어서 결국 ㄴ대표가 직접 재정을 지원했다.

집시 아이는 학교 교육과정을 수료한 뒤 미국인 크리스천 기업가가 운영하는 카페에 취업하여 요리사 역할뿐만 아니라 바리스타 역할까지 훌륭하게 수행했다. 일을 잘해서 여기서 좋은 대우를 받고 이후에는 스페인의 좋은 카페로 옮겨 갔다. 집시 아이는 그 모든 과정에서 "하나님이 나를 이렇게까지 사랑해 주셨다"라고 고백했다.

ㄴ대표는 탈매춘 여성들의 재활을 돕기 위한 사역도 진행했다. 10주 동안 매춘 여성 다섯 명에게 바리스타 교육을 진행했는데 다른 일반인들을 교육하는 것보다 몇 배 힘들었지만, 수료 이후에 이들의 피드백이 의미 있었다. 훈련생 여성들은 교육 팀에게 "너희는 친절했다. 우리를 인격적으로 대해 줘서 고맙다"라고 했다. 나아가 훈련생들은 "상당히 좋은 교육인데 왜 이 귀한 걸 무료로 해 주는가?"라고 물었고, ㄴ대표는 그들에게 복음을 전했다. "예수님 때문에 그리스도의 사랑을 받은 자로서 이 사랑을 어떻게 표현할까 하다가 이렇게 여러분을 섬기게 됐다. 이 일을 위해 여러 사람이 애쓰고, 내 인생과 시간을 여러분을 위해 쏟고 있다"라고 했다. 바리스타 교육은 모두 10회차인데, 여성 교육생들은 매번 5회차 즈음이 되면 예수님과 교회에 대해 문이 열려서 나머지 교육에서는 복음을 좀 더 많이 나누곤 한다.

선교의 근원, 하나님 사랑

로잔운동의 케이프타운선언문 전체에서 가장 좋아하는 부분은 바로 1부이다. 1부에 담긴 내용들은 모든 성도들 특히 예수님으로부터 '선교적 부르심'을 받은 우리 모두가 가슴에 새겨야 할 부분이다. 특히 1항에서는 우리 선교의 기본 동력을 언급하고 있고, 6항에서는 우리 선교의 수행 방식에 대해 논하고 있다.

> 1. 우리는 하나님이 먼저 우리를 사랑하셨기에 하나님을 사랑한다.[3]
> 하나님의 선교는 하나님의 사랑에서 흘러나온다. 하나님의 백성의
> 선교는 하나님에 대한 우리의 사랑과 하나님이 사랑하는 모든 이들
> 에 대한 사랑에서 흘러나온다. 세계 복음화는 우리를 향한 하나님의
> 사랑과 우리를 통한 하나님의 사랑에서 비롯된다.

───
3) Lausanne Movement, 케이프타운 서약 (서울: IVP, 2014), 21.

> 6. 우리는 하나님의 말씀을 사랑한다. [4]
> 성경은 신자들과 신자 공동체의 특징이 되어야 할 삶의 방식을 그려 준다. 정의, 긍휼, 겸손, 정직, 진실함, 순결, 관대함, 친절, 자기 부인, 환대, 화평케 함, 보복하지 않음, 선행, 용서, 기쁨, 자족과 사랑 등을 포함한다는 것을 배운다. 성경적 삶이 없다면 성경적 선교도 없다.

케이프타운선언문 1부에서는 크리스천의 일상을 통해 펼쳐질 모든 선교적 삶의 전제를 바로 하나님으로부터 흘러나오는 사랑으로 정리하고 있다. 확대하여 적용해 보면, 우리 성도들은 사랑받은 자로서 우리가 수행하는 선교 역시 우리가 받은 그 사랑으로 말미암는다.

특히 선언문은 "성경적 삶이 없다면 성경적 선교도 없다"는 문장에 따라, 하나님께서 우리 삶을 통해 받기 원하시는 열매들로 정의, 긍휼, 겸손, 정직, 진실함, 순결, 관대함, 친절, 자기 부인, 환대, 화평케 함, 보복하지 않음, 선행, 용서, 기쁨, 자족과 사랑 등을 나열한다. 이는 복음을 아는 자가 갖추게 될 성품과 연계된 일련의 행동이라 할 수 있다. 하나님의 사랑에서 나온 성품, 바로 그 성품에서 나오는 크리스천 라이프 스타일. 하나님이 모든 성도에게 요구하시는 삶의 면면이다.

---

4) Lausanne Movement, 케이프타운 서약, 41.

Chapter 3

새로운 관점으로
세상을 보다

일주일 내내 많은 크리스천들을 만난다. 이들 대부분은 비즈니스 리더들, NPO 현장가, 교육 전문가, 목회자나 선교사이다. 누군가를 만날 때마다 일대일로 서너 시간 대화를 나누다 보면 문득 상대방의 세상을 바라보는 방식을 알게 된다. 관심 주제와 자주 사용하는 문장이 겹치는 사람은 단 하나도 없었다. 각기 다른 고유한 생애사를 거쳐 왔고 그러한 독특함이 바로 그 사람을 만들었음을 느낄 수 있었다. 바로 그 독특함을 안고 일상을 살고 일터에서 일하고 있었다.

여기서 내가 주목하는 단어는 바로 '세계관(world view)'이다. 인터넷에 세계관이란 단어를 검색하면 유사하지만 다양한 정의들이 있다. '우리가 세상을 보는 렌즈이며 우리가 진실로 믿는 것', '자신이 사는 세계를 이해하는 방식', '어떤 구체적인 관

복음, 시장 한복판에 서다

점에서 세상을 포괄적으로 인식하는 것', '세계와 인간의 관계 및 인생의 가치나 의의에 대한 관점' 등인데, 그중에 개혁주의 복음주의 철학자 제임스 사이어(James W. Sire)의 정의가 집약적이었다. "세계관이란 우리의 세계를 구성하는 기본적인 틀에 관하여 우리가 의식적으로 혹은 무의식적으로 가지고 있는 일련의 전제나 가정이다."

이 세상에 세계관으로부터 자유로운 사람이 있을까. 누구나 자기만의 세계관을 가지고 있고, 그 세계관으로 세상을 보며 판단하며 결정하고 행동한다. 자신의 세계관에 영향을 받고 있음을 인지하거나 하지 못하거나 그 차이일 뿐이고, 모든 사람은 자기 세계관에 따라 영향을 주고받으며 살아간다. 세계관은 한 사람의 매 순간을 구성하는 가운데 비즈니스 방식과 결과에 영향을 끼치고, 가족 관계에도 영향을 끼칠 수밖에 없다. TV 뉴스를 보는 순간에도 세계관은 끊임없이 작동한다.

분석의 틀, 세계관의 힘

극단주의 무슬림이 세상 어디든지 폭탄을 맨 채 자기 몸을 희생하면서까지 신에게 충성하는 이유는 극단주의 무슬림만의 세계관이 관련되어 있다. 가난한 사람이 가난한 것은 전생의 업(karma)이어서 다음 생애를 위해 현세의 고통을 감내하라는 힌두교 교리에서 보듯 체념적 운명론을 가졌다면 빈곤과 종속에서 벗어나려 하지 않을 것이다. 사회주의 국가에서 기독교를 쉬이 받아들이지 못하는 것 또한 무신론과 유물론에 기반한 세계관에 연결된다. 가부장적 유교 문화가 만연한 사회에서 여성 차별 역시 마찬가지다. 그 사회 구성원들을 지배하는 세계관에 연관되어 있다. 이단이나 사이비에 빠진 사람들을 원래의 자리로 되돌리기 어려운 것도 이단·사이비 단체의 세계관에 빠져있기 때문이다.

일제강점기 해방 이후 한국전쟁을 즈음하여 남한으로 내려온 실향민 가운데 적잖은 분들이 유난히 쓰리고 아픈 마음으로 북한 체제를 바라보는 것 또한 그들 가족사에 기반한 세계관이라 할 수 있다. 경제 정책을 펼 때 좌와 우, 분배냐 성장이냐를 놓고 다투는 이들 역시 각자 자신만의 세계관이 있다.

비즈니스 세계에서도 그대로 적용된다. 어떤 이는 기업 내부 피고용인을 존중함은 물론 자연환경 보호와 자원 보존을 생각하며 비즈니스를 하는가 하면, 어떤 이는 자본의 증대 그 하나만 보며 일터 현장에서 타인의 삶을 짓밟고 더 많은 부를 위해 하나님의 창조세계를 훼손하는 선택을 하기도 한다. 이 또한 그들 나름대로 세상을 바라보는 자신의 세계관과 연결된다.

독자 여러분도 느끼겠지만, 이처럼 어느 하나 쉬운 문제가 없다. 국가와 민족, 사회 안에 깊이 뿌리 내린 사회 문화가 주인 행세를 하고, 한 개인을 중심으로 보면 부모 형제 관계, 일터 동료들과의 관계에 영향을 미치며, 서로 인지하든 인지하지 못하든 선한 열매를 내기도 하고 악한 열매를 내기도 한다.

특히 악한 열매를 내는 경우 정작 당사자가 인지하지 못하는 경우가 많다. 자기 안에서 올라오는 자기파괴적인 충동이 자신의 일상을 망가뜨리는 선택과 그 열매로 나타나고, 이것에 계속해서 일상 속에서 반복되는데, 이는 단순한 습관이기보다 세계관의 힘인 경우가 많다. 건강한(성경적) 세계관이라는 '분석의 틀'이 없다 보니 삶을 성찰하는 능력이 없고, 자기 안팎의 것들을 분별할 기준도 부재하다.

반면 건강한 세계관이 바로 잡혀 있다면 마음가짐도 잘 정돈되어 있고, 삶의 과정과 결과에서 창출하는 열매 또한 질서 있고 반듯한 경우가 많다. 건강한 분석의 틀을 가지고 세상을 보다 보면, 언제나 하나님 보시기에 좋은 선택을 할 줄 알며, 그 선택으로 인해 일상에서 좋은 열매를 맺는 것을 볼 수 있다.

세계관 전쟁 한복판에서

드라마나 영화를 그 소재가 SF 장르의 옷을 입은 윤회와 환생, 시간 여행, 다중 우주인 것을 본다. 이를 두고 그냥 재밌으면 됐지! 하며 지나칠 수 있겠지만 왜 하필 지금 엔터테인먼트 기획자들이 이런 드라마나 영화들을 만들어 내는 것일까? 이는 단순한 현상이 아니다. 이러한 소재나 주제가 다음 세대들의 세계관에 영향을 주지 않겠는가.

한때 뱀파이어물과 좀비물이 유행이었다. 이들은 자본주의 세상에서 목마름과 본능, 충동이라는 키워드에 충실한 기획이었다면 요즘 한창 유행하는 윤회와 환생, 시간 여행, 다중 우주 같은 요소들은 '이생망(어차피 이번 생은 망했어)'이라는 세대 정서에 부합이 된다. 왜 요즘 수많은 드라마에 '재벌 주인공'이 등장하는지도 생각해 볼 일이다.

현실의 삶이 팍팍하고 어려울수록 또 다른 세상의 나를 꿈꾸며 잠깐이나마 정서적인 교감으로 해방감을 느끼게 하는 것이다. 오늘의 세태를 시나리오에 반영한 단면이기도 하겠지만, 역으로 다음 세대의 세계관이 이러한 매스미디어에 영향을 받기도 하기 때문이다.

정말 그렇다. 요즘은 TV와 OTT 등 그 어떤 콘텐츠도 그냥 흘려보낼 수만은 없다. 잠시 잠깐 콘텐츠들을 즐기더라도 겉으로 드러난 소재 그 뒤에 흐르는 세계관을 인지하는 분별력 있는 삶이 요구되는 시대다. 누군가가 질질 흘려 놓은 떡밥들에 마냥 영향받으며 살지 않으려면, 그리고 그들로 인해 우리 인생이 마냥 끌려다니며 살지 않으려면 말이다.

어떤 이들은 세계관을 '안경'에 비유한다. 아마 티모시 워너(Timothy M. Warner)가 "세계관은 우리가 세상을 보는 렌즈다"라고 해서 그럴 것이다. 이런 설명이 뒤따라오는데, 마치 우리가 파란 안경을 끼고 세상을 보면 파랗게 보이는 것처럼, 또 금이 가고 먼지가 수북이 앉은 안경을 끼고 세상을 보면 금이 가고 흐

릿하게 보이는 것처럼, 우리의 세계관은 마치 안경과 같다는 이야기다. 일정 부분 동의하지만 이것이 정확한 비유인지는 의문이 있다.

내게 세계관은 '각막'과 더 유사하게 보인다. 우리 눈에 있는 각막 두께는 0.6~0.8mm 정도의 아주 얇은 막이다. 외부의 빛을 통과시키고 굴절시켜 우리에게 외부의 사물을 온전하게 인식할 수 있게 한다.

각막 같은 세계관

20여 년 전, 나는 각막이식 수술을 받았다. 일생일대 특별한 경험이었다. 청소년 시절 왼쪽 눈이 잘 보이지 않기 시작했고, 대학병원 검진 결과 왼쪽 각막이 심하게 손상되어 빨리 수술하지 않으면 실명할 수 있다는 의사의 소견을 듣게 되었다. 눈동자에 각막이 존재하는 줄도 미처 몰랐던 내게 일어난 일이었다. 시간이 지날수록 왼쪽 눈이 보이지 않게 되었고, 나는 하루하루 실명의 두려움 속에서 살게 되었다.

다행히 감사하게도 당시 미국 동부 유명한 각막이식 전문 의사가 "한국에서 온 청년을 위해 무료 봉사하겠다"라고 해서 그 길로 미국으로 날아가 각막이식 수술을 받을 수 있었다. 당시 한국 의료계의 각막이식 기술은 턱없이 낮은 수준이었다. 대중의 신체 기증 인식 역시 낮은 수준이어서 나는 주저 없이 미국행을 선택했다.

각막이식 수술의 before와 after는 정말 달랐다. 전에는 무엇을 보든 그 실제 모습이 왜곡되어 희뿌옇게 보였다. 안경을 껴서 해결할 수 있는 것도 아니었다. 무엇보다 눈동자 속에 각막이 있다 보니 이상이 생겼다고 해서 쉽게 꺼내거나 대체할 수도 없었다. 이것이 안경과 다른 점이고, 세계관과 비슷한 요소일 것이다.

사람들은 자기 삶에 존재하는 세계관이 언제 어떻게 중요하게 작동하는지 거의 인지하지 못한다. 극렬 무슬림과 사회주의국가 주민, 한국 사회의 좌파와 우파 등 앞서 예를 들었지만 어느 하나 쉽게 수정되거나 대체될 수 없다. 사람들 안에 이미 견고하게 자리 잡은 세계관은 생애사에서 아주 결정적인 사건이 일어나지 않는다면 아주 충격적인 사건을 겪지 않는다면 좀처럼 벗어나거나 바꿀 수 없다. 다메섹 도상에서 부활하신 예수님을 만난 바울이 글자 그대로 실명의 과정을 겪으면서 삶이 통째로 바뀐 것 같은 그런 경험이 아니라면.

내면으로부터의 변화

성경적 세계관(biblical worldview)은 성경의 관점으로 세상을 바라보고 또 인식하는 것이다. 베드로, 바울 등을 포함한 모든 크리스천은 예수의 복음과 성경에 담긴 진리 안에서 그 관점이 완전히 바뀐 이들이다. 변화된 관점은 필경 변화된 삶의 방식을 낳고 변화된 삶의 방식은 자기 자신의 일상은 물론 가정과 일터를 포함한 다양한 영역의 실제적 변화를 만들어 낸다. 그런 면에서 크리스천에게 성경적 세계관은 중요하다.

실상 교회에 오래 출석하고 부서 봉사를 열심히 해도 정작 세계관이 변하지 않아 여전히 세상의 세계관을 끼고 사는 명목상 크리스천을 자주 보게 된다. 이들의 삶은 필연적으로 교회 안과 교회 밖이 분리될 수밖에 없다. 교회에서는 경건하고 충성스러운 모습이더라도 교회를 나서는 순간 자본, 기술, 대중문화가 난무한 세상의 라이프 스타일에 맞춰 사는 것이 아무렇지 않다. 교회 바깥에서의 삶만 그렇다면 모르겠는데 이들이 지역 교회에서 중직을 맡아 교회 운영에 개입한다면 운영 방식은 물론 공동체 구성원들의 영성에도 영향을 미친다. 교회 한 부서의 직분자를 세울 때 재정부든 찬양 팀이든 중고등부든 어떤 일을 맡든지 진정 내면으로부터의 변화가 일어났는지를 봐야 하는 중요한 이유이다.

대로우 밀러(Darrow L. Miller)의 저서 『Discipling Nations』는 국내에 『생각은 결과를 낳는다(Ideas have Consequences)』라는 제목으로 출간되었다. 이 멋진 제목은 아마 대로우 밀러가 크리스천의 세계관을 다뤘다는 것을 감안하여 출판 기획에서 새로 뽑은 제목인 듯하다. 책 제목이 참으로 많은 것을 생각하게 한다. 저자는 우리에게 얼마나 복음과 말씀으로 속사람이 변화되어 하나님이 기뻐하시는 생각을 통해 변화와 결과를 건강하게 만드는 삶을 살고 있는지, 또 한편 몸으로는 교회에 다니지만 여전히 정돈되지 않은 생각과 불편한 정서 속에서 매일 자기파괴적인 일상을 벗어나지 못한 채 반복하며 하루하루를 살고 있는지 묻고 있다.

좋은 나무의 좋은 열매

마태복음에는 '생각은 결과를 낳는다'에 준하는 일상의 매커니즘을 잘 보여 주는 말씀이 있다. 겉 사람보다 더 중요한 것은 우리의 속 사람임을, 그래서 우리 속에 들어있는 '힘의 근원'이 무엇이냐에 따라 우리 일상의 결과물도 달라진다는 말씀이다.

> [17] 이와 같이 좋은 나무마다 아름다운 열매를 맺고 못된 나무가 나쁜 열매를 맺나니 [18] 좋은 나무가 나쁜 열매를 맺을 수 없고 못된 나무가 아름다운 열매를 맺을 수 없느니라 [19] 아름다운 열매를 맺지 아니하는 나무마다 찍혀 불에 던져지느니라 [20] 이러므로 그들의 열매로 그들을 알리라 _마태복음 7:17~20

마태복음 5장부터 7장에는 예수님의 산상수훈이 담겨 있다. 5장 초반부에 '하나님 나라 백성의 윤리'로 정의되는 팔복선언으로 시작하여 진정 하나님 나라 백성 즉 하나님의 통치를

복음, 시장 한복판에 서다

받는 백성으로서의 특별한 삶의 양식을 잘 드러내고 있다. 특히 본문은 하이라이트 중 하이라이트이다. 하나님 나라를 담지하여 그 전인격이 변화된 사람들은 예수 그리스도 안에서 그 자체로 좋은 나무가 되어 날마다 아름다운 열매를 맺지만, 그렇지 않은 이들은 무언가를 생산하고 양산한들 이는 나쁜 열매를 맺을 것이라는 메시지다.

나쁜 열매를 맺는 인생에 대한 심판 선언과 그 뒤에 연이어 나오는 "이러므로 그들의 열매로 그들을 알리라"라는 말씀을 읽노라면 정말이지 정신이 번쩍 든다. 나를 비롯하여 우리 크리스천 중 누가 '나는 좋은 나무요'라고 용감하게 말할 수 있을까? 중요한 것은 우리 모두 날마다 예수님 안에 거하며 그분의 말씀을 주야로 묵상하고 지키려 할 때 예수님께서 우리의 삶을 통해 아름다운 열매를 맺게 하실 것이라는 믿음이다.

이 본문을 '세계관'이라는 키워드와 함께 생각해 볼 때 크리스천으로 변화되었다는 것이 무엇을 말하는지 생각하게 한다. 이는 단순히 '나는 예수님이 좋아하시는 착한 일을 할 거야'라는 다짐만으로 그리고 뒤이은 선행만으로 설명될 수 있는 것이 아니다. 앞서 2장에서 다뤘듯이 '나의 행위 그 뒤에 있는 나의 내면은 정말 복음적인가' 특히 '성경적 세계관을 가지고 그에 합당하게 사는 사람인가'라는 질문들과 연계되어 있다. 이는 겉으로 드러난 우리의 말과 행동 이전에 생각, 마음, 의지, 그리고 그 이전에 우리의 세계관에 관한 부분이다.

창조 타락 구속 그리고 회복

성경적 세계관의 기본 틀은 창조, 타락, 구속이다. 언제 어디서 강의를 하든 청중에게 "여러분, 성경 안에 담긴 이야기를 한번 요약해 주세요"라고 하면 다들 머뭇거리곤 하는데 짧게 '창-타-구'라고 기억하도록 요약해 주곤 한다. 하나님이 세상을 창조하시고 인간을 만드시며 언약을 주신 가운데 인간에게 결혼, 노동, 안식에 대한 축복과 명령이 주어진 창조의 이야기(창 1~2장), 인간이 사단의 유혹에 빠져 하나님께 받은 언약과 완전한 보장과 영광스러운 지위를 스스로 깨고 죽음과 상실의 시대를 자초했다는 타락의 이야기(창 3:1~24), 그리고 예수 그리스도의 십자가, 부활, 승천으로 말미암아 최종적인 승리가 확보되고 우리 삶의 모든 승리의 근거요 발판이 마련되었다는 구속 이야기(창 3:15) 등이 그것이다.

예수 그리스도의 보혈에 힘입어 살아가는 우리 모든 성도는 종말의 때 즉 '이미 그러나 아직(already but not yet)'의 시대에서 십자가와 부활의 승리를 근거 삼아 우리 삶 가운데 산재한 무너지고 찢긴 이 세상을 예수 그리스도의 이름으로 회복시켜야 하는 선교적 사명을 가지고 있다. 여기서 중요한 단어는 '회복'이다. 이는 곧 우리 모든 성도가 하나님의 창조 세계에 속한 사람, 공동체, 자연환경을 대상으로 타락 이전에 부여받은 정복하고 다스리는 일(창 1:28)을 통해 세상을 회복시켜 나가는 것을 의미

복음, 시장 한복판에 서다

한다.

　1장에서 '예수가 답이라면 무엇이 문제인가?'라는 질문을 소개했다. 정말이지 "그렇다면 무엇이 문제인가?"라는 질문에 대해 지금의 크리스천 청년들이 쉬이 떠올리는 것은 바로 망가져 가는 세상이 아닐까 싶다. 우리는 이미 환경 파괴와 기후 변화의 나쁜 열매를 먹고 있다. 팬데믹의 시초를 특정 동물로 보든 환경 파괴로 보든 결국 인류가 건드리지 말아야 할 것들을 건드린 결과라고 할 수 있다.

　지구온난화 현상으로 인한 열돔 현상과 미국과 호주, 유럽을 강타했던 산불 재해 역시 인간의 탐욕으로 말미암은 결과물이라 할 수 있다. 나아가 사람과 사람이 서로를 차별하고 배제하고 갈등과 분쟁으로 사회 공동체가 깨어짐을 경험하며 경제 양극화와 부익부 빈익빈으로 인해 전 세계 수많은 이들이 만성적인 빈곤과 기아에 시달리고 있음도 기억해야 한다. 이러한 시대와 세대 속 암울한 면면들을 보며 우리는 성경적 세계관을 가진 자로서, 회복의 사명을 부여받은 자로서 어떻게 살아가야 할지 고민해야 할 것이다.

청지기 정신

　지구가 얼마나 망가졌는지 그리고 인간 사회가 어찌나 탐욕에 찌들었는지, UN은 전 세계가 지속가능한 세상이 되기 위해

17개 목표를 내놓고 우리 모두의 공통 과제로 설정한다. 이름하여 UN의 지속가능 발전 목표(Sustainable Development Goals)이다.

UN SDGs의 1~17번 항목을 살펴보면 빈곤 퇴치, 기아 해소, 건강과 웰빙, 양질의 교육, 물과 위생, 에너지, 기후 변화와 대응, 해양 및 육상 생물, 평화와 정의, 건강한 제도 등이 있다. 이런 이슈들은 빈곤한 나라들에만 해당되는 게 아니다. 이는 부유한 나라들을 넘어 인류 공통의 문제가 되어 버렸다. 한번 생각해 보자.

'예수가 답이라면 무엇이 문제인가?'라는 물음 앞에 우리는 이런 총체적인 아픔과 붕괴를 두고 기독교 세계관 안에서 사고할 필요가 있다. 과연 이것이 UN만의 이슈일까? 크리스천으로서 이를 어떻게 바라봐야 할까? 문제의 근원은 무엇이며 지역 교회들은 이 문제들을 어떤 방식으로 설명하고 있을까? 단순히 개개인의 차원에서 '지구가 망하면 안 되니까', '다음 세대가 살아갈 더 나은 세상을 만들기 위해' 같은 세상 사람들 누구나 할 수 있는 얕은 차원에서 참여하고 말 것인가? 우리는 이런 시대적 상황을 어떤 안목, 어떤 관점으로 봐야 할까? 보다 핵심 질문은 '이 모든 일은 무엇 때문에 일어난 일인가?'일 것이다.

이 모든 불행과 재앙은 우리 인류가 창세기 1장 28절 "하나님이 그들에게 복을 주시며 하나님이 그들에게 이르시되 생육하고 번성하여 땅에 충만하라, 땅을 정복하라, 바다의 물고기와 하늘의 새와 땅에 움직이는 모든 생물을 다스리라 하시니

복음, 시장 한복판에 서다

라"를 잘못 적용한 것에 기인한다. 하나님께서는 인간에게 생육하고 번성하여 땅에 충만하라고 명령하시고는 "정복하고 다스리라"라고 말씀하신다. 그렇다. 인간은 태생적으로 정복하고 다스리는 사명을 가지고 태어난 이들이다.

여기에 중요한 전제가 있다. 우리에게는 주인이 있다는 것이다. 주인이 있는, 그래서 주인의 뜻에 따라 정복하고 다스리는 자, 우리는 이들을 '청지기'라 부른다. 문제는 우리 인류가 중요한 지점을 망각했다는 것이다.

이는 바로 '우리에게는 주인이 있다'는 대전제이다. 이를 망각한 상태에서 자신의 욕심과 충동, 야망에 따라 정복하고 다스리는 자로서 살아갈 때 인간은 필연적으로 하나님의 창조 세계에 해를 가하는 자가 된다. 인간과 인간이 서로를 차별하고 배제하고, 사회 공동체가 깨어지고, 빈부격차가 날로 심해지며, 자연환경이 망가지고 자원이 고갈되는 상황 속에, 우리가 무언가에 힘을 쏟으면 쏟을수록 세상이 더욱 망가지는 결과를 낳는 것이다.

대통령을 비롯한 정치인, 대기업 총수, 학교 교사, 경찰, 그리고 한 가정의 가장에 이르기까지 주인의 주인되심(lordship)을 망각할 때 청지기 정신(stewardship)은 온데간데없고 각자 자신의 혈기에 따라 행동하기 시작하는 것이다. 그런 이들이 힘을 쏟으면 쏟을수록 그들에게 맡겨진 여러 지경들은 더욱 혼돈과 결핍을 겪는 모습을 본다.

하나님의 선교는 바로 성도 한 사람 또 한 사람을 변화시키는 데에서 출발한다. 우리를 진정 주인이 있는 자로서 살게 하고 그 주인의 뜻과 기대에 따라 정복하고 다스리는 자의 권위와 능력을 사용하게 된다. 이 과정에서 회복이 일어난다. 창조 이후에 벌어진 타락, 그로 인해 망가진 이 세상이 이제 그리스도의 권위와 능력 안에 또한 성령의 임재와 역사 아래 하나씩 회복되기 시작하는 것이다. 우리의 일터가 그렇게 회복되고 우리의 가정이 그렇게 회복되는 것이다.

이러한 회복의 지경이 넓어지면 하나님의 선교가 한 사람의 영적 변화를 넘어 사회적, 경제적, 환경적 변혁으로 확대되는 것이다. 결국 선교란 하나님 나라의 청지기인 우리 모든 성도가 타락과 구속 그 사이, 세상 곳곳의 결렬된 틈에 서서 세상을 회복시키는 모든 과정으로 요약할 수 있다.

선교를 이야기할 때 많은 이들은 해외 타 문화권에서 복음을 전하는 장면을 떠올릴 것이다. 물론 여전히! 당연히! 선교이다. 다만 '선교' 개념을 하나의 거대한 우산으로 놓고 볼 때 그 상위 카테고리에는 회복으로서의 사명이 반드시 존재하는 것이다. 그래서 '어디로 누구에게 갈 것인가'라는 각론 차원에서는 해외 타문화권을 말할 수 있지만, 보다 근본적으로 "선교란 무엇인가"라는 큰 질문에 대해서는 사람, 사회, 창조세계에의 회복을 논하게 되는 것이다.

성경적 세계관을 논할 때 '창조-타락-구속' 그리고 '회복'이 함께 떠오르길 바란다. 그리스도의 십자가와 부활로 얻은 놀라운 승리의 근거를 가지고, 주인이 있는 정복하고 다스리는 자 즉 청지기로서 세상에서 우리가 수행해야 할 사명들을 찾아보길 바란다. 그 청지기 사명을 1장은 기업 차원, 그리고 2장은 가정 차원에서 수행한 내용이다. 여러분이 수행해야 할 사명의 자리가 어디인지, 사명의 대상이 누구인지 생각해야 한다.

성경적 세계관을 논할 때마다 떠오르는 한 사람이 있다. 사도 바울이다. 바울은 로마서 11장 36절을 통해 자신의 세계관에 대해 더없이 정확하고 명쾌한 선언을 하고 있다. "이는 만물이 주에게서 나오고 주로 말미암고 주에게로 돌아감이라 그에게 영광이 세세에 있을지어다 아멘"(36절) 표현 하나하나가 바울의 세계관을 설명하고 있다. [5]

이는 만물이 주에게서 나오고(from God)
⇒ 온 세상의 창조주 하나님
주로 말미암고(by God)
⇒ 세상의 주인이자 역사의 주관자이신 하나님
주에게로 돌아감이라(to God)

───── 5) 송동호, "일터, 하나님의 디자인", 서울 : 나우책장 (2022), p. 36.

⇒ 역사의 마침이자 심판자 하나님

그에게 영광이 세세에 있을지어다(for God)

⇒ 사도 바울 세계관의 결론

로마서 11장 36절에 담긴 사도 바울의 고백 안에는 인류 역
사의 과거, 현재, 미래 그리고 한 개인의 과거, 현재, 미래가 모
두 담겨 있다. 나아가, 바울 그 자신의 일상과 사역의 원리이자
철학을 잘 요약하고 있다. from God, by God, to God, 그리고
for God이 보여 주듯 바울 자신이 언제 어떤 모습으로 일상을
살든 또 사역을 하든 하나님은 그에게 있어 글자 그대로 전부
였다.

이런 올곧고 강력한 세계관을 가지고 살아갔기에 그는 사도
행전 후반부와 수많은 바울 서신의 주인공으로서 늘 하나님과
세상 앞에서 확신에 차고 투쟁심 가득한 하루하루를 살 수 있
었던 것이 아닐까. 이 짧은 한 구절을 가지고 묵상하며 우리 자
신의 세계관을 점검하는 시간을 가지면 좋겠다.

세계관 핵심 질문 여덟 가지

송동호 나우미션 대표는 세계관 강의를 하면서 우리 일상
속 세계관에 관한 다음의 중요한 질문을 던진다. 아래 여덟 가
지 질문은 크리스천으로서 우리의 생각과 마음, 감정, 의지 등

복음, 시장 한복판에 서다

을 점검하기 좋은 질문들이다.

1) 존재 - 나는 누구인가?
2) 관계 - 너는 누구인가?
3) 목적 - 무엇을 위해 사는가?
4) 가치 - 무엇이 더 귀한가?
5) 질서 - 무엇이 먼저인가?
6) 소유 - 누구의 것인가?
7) 활동 - 무엇을 할 것인가?
8) 방법 - 어떻게 할 것인가?

우리는 흔히 '7) 활동 - 무엇을 할 것인가?', '8) 방법 - 어떻게 할 것인가?'에 집중하기 마련이다. 이 두 질문은 실제 가시화되어야 하는 질문이나 세계관 영역에서는 가장 피상적일 것이다. 반면 1)번부터 6)번까지 질문은 한 사람의 사고방식과 마음가짐을 구체적으로 말하도록 묻고 있다. 비록 당장 보이지 않지만 어떤 형태로든 드러내야 하는 질문이다.

비즈니스 세계를 살아가는 다양한 크리스천 가운데 위의 8개 질문을 잘 정리하면서 살아가는 이들이 드물다. 교회에서 성실하게 예배하고 필요한 교회 봉사에 참여하며 누가 봐도 신실해 보이지만, 위의 질문을 어떻게 대하느냐에 따라 일상에서 큰 차이를 보인다.

만약 '나는 누구인가'라는 질문이 성경적 세계관 안에서 제대로 정리되지 않은이는, 자신의 건강하지 못한 자아상으로 심리적 어려움을 겪을 가능성이 높다. 가까운 타인을 대할 때에도 열등감, 수치심, 두려움, 피해의식 등의 렌즈를 통해 바라보고 판단한다면 비즈니스 세계에서든 일상생활이든 교회 사역이든 서로 연결하고 소통해야 하는 공동체를 이루기 어렵고, 역동적인 동역 관계를 만들 수 없다.

어떤 크리스천은 인생의 목적도 없이 혼탁한 미신자의 삶과 그다지 구별되지 않게 살아간다. 자기만의 소중한 열정과 시간을 삽처럼 사용하여 일중독에 빠지거나, 하루하루 자신을 게임기처럼 사용하여 술, 도박, 성, 오락에 몸과 마음을 빼앗긴다. 무엇이 더 귀한지, 무엇이 먼저인지 정리되지 않은 이들은 표면적으로는 열심히 세상을 살아가며 많은 일을 하는 듯해도 실상 의미 있는 성과를 거두기가 어렵고 아름다운 열매를 맺을 수도 없다. 근본적으로 내게 주어진 모든 소유와 자원이 진정 누구의 것인지를 알지 못한다면 청지기로서의 사명을 이해할 수도 수행하기도 어렵다.

선교, 세계관을 바꾸는 것

사회주의 국가에서 20년 가까이 선교적 기업을 경영하고 있는 M대표와의 대화를 기억한다. 그가 겪은 사회주의 국가 주민들의 세계관에 대해서 나눈 적이 있는데, 그들은 태생적으로 무신론과 유물론의 영향을 받을 수밖에 없다고 한다. 아이들은 유치원 생활에서 이미 사회주의 사상 교육을 받으며 성장한다. 어린 시절부터 사회주의 사상이 뿌리내리면서 무신론과 유물론 세계관이 전인격에 자리잡는다. 하나님을 인정하지 않는 것은 기본이고 모든 가치 기준은 물질에서 시작된다. 자연스럽게 물질 지상주의 같은 비인격적 요소들이 만연한 사회일 수밖에 없다. 복음과 공동체에 대한 M대표의 말을 인용한다.

"선교는 세계관을 바꾸는 것이라는 말에 동의합니다. 여기 현지인들 역시 예배 중에 눈물 흘리기도 하고 열정적으로 헌신합니다. 그러나 그 마음에 깊이 들어가고 더 깊이 들어가면 여전히 강력한 세계관의 충돌 지점이 있습니다. 현지인들의 행위가 거짓이라는 말은 아닙니다. 충돌 지점, 그것마저 깨져야 진짜 복음화가 일어나고 진짜 복음에의 헌신이 일어나면서 공동체의 연대가 가능하다고 보고 있지요."

"여기서 신학교를 운영하며 교육을 통해 주민의 생활 양식을 바꿔 보려 했지만 풀리지 않더라고요. 삶의 과정마다 몸속에 핏속에 뿌리내린 DNA가 부서져야 하는데, 교육만으로 이루어지지 않습니다. 결국 삶의 일상을 만져 줘야 하는데 이곳 현장에서, 크리스천에 의해 만들어진 일터 현장에서 하루하루 현지인과 더불어 어울려 살다 보면 그들의 삶 전체가 변화되는 것을 보게 됩니다."

예배마다 우렁차게 찬양하고 온 힘으로 방언 기도를 하며 이 부서 저 부서에서 열심히 봉사하는 것만으로도 아름답지만, 그것만으로 변화된 성도의 증거라고 볼 수 없다. 이것이 M대표가 말한 취지라 생각한다. 그들이 의도적으로 거짓된 행동을 한다는 이야기가 아니다. 그들 나름대로 진심을 다해 하나님 앞에 나아가는 것이지만, 무의식 중에 자신의 판단과 가치에 따른 행동이 적잖다는 이야기이다. 자신도 모르게 복음과 선교에 방해 요소가 되기도 하고, 더러는 그들의 신앙생활이 교회에 미치는 세계관으로 정착되어 누군가에게 잘못된 본보기로 작동하게 될지도 모른다. 그러고 보면 진정 '한 사람이 복음 안에서 변화되었다'는 문장은 단순하고 간단해 보이지만 어쩌면 한없이 깊고 넓게 해석해야 할 문장이다.

변화된 삶에는 세계관의 변화가 전제된다. 이 시대는 정말로 다양한 세계관이 존재하며 이들은 나라와 나라, 세대와 세대라는 각종 경계들을 초월하는 가운데 사방으로 영향을 끼치고 있다. 인터넷은 그 운반체로서 한몫한다. 그런 가운데, 비즈니스 세계를 살아가는 예수의 제자들은 창조-타락-구속 그리고 회복으로 이어지는 성경적 세계관을 바탕으로 살며, 하나님 나라를 담지한 '좋은 나무'로서 날마다 '좋은 열매'를 맺는 일상을 살아야 할 것이다.

현지인을 존중하고 세우는
비즈니스

ㄷ대표는 사회주의 국가 C국에서 17년째 전통차 생산, 판매업체를 경영하고 있다. 그의 회사는 직접 차를 생산하고 가공하여 팔기도 하고, 다른 생산자들이 만든 상품을 공급, 유통하는 일들도 하고 있다. ㄷ대표의 회사는 현지인 거래처 사람들에게 남다른 회사로 소문나 있다. 바로 물질이 그 기준이다. 앞서 '사회주의 국가의 특징'에서 다뤘듯이 무신론과 유물론이 팽배한 그곳에서 전혀 다른 사업 방식을 추구한다. 다른 기업들은 각자 자기 유익을 챙기려고 어떻게 해서든 가격을 깎으려 하고 특히 외국인들은 현지인들을 비인격적으로 대하며 낮게 내려다보는데 ㄷ대표의 회사는 그렇지 않다는 것이다. 때로는 현지인들이 부른 가격보다 이윤을 더 쳐주기도 하고 물건을 사는 사람으로서 생색을 내지 않고 오히려 공급자들에게 1년에 두 차례 김치나 김 같은 작은 선물을 보내고 있다.

현지인 직원들과의 관계 역시 남다르다. 코로나 시즌에 C국 역시 경제적으로 큰 타격을 받았고 ㄷ대표의 회사도 예외가 아니었다. 당시 다른 회사들은 회사가 살기 위해 직원들의 숫자를 마구 줄여 가는 상황 속에서 ㄷ대표는 다른 선택을 한다. 직원들을 내 식구로 여기는 가운데 직원들과의 협의에 따라 모두의 일자리는 유지하되 어려운 기간 동안 다 함께 급여 수준을 깎기로 결정한다. 직원들에게 "나는 끝까지 너희들과 함께 가고 싶다"라고 했을 때 직원들은 또 한 번 감동을 받는다. 생존과 이익만을 추구하는 세상에서 사람과 공동체를 배려하는 마음이 현지 주민과 직원들 가운데 전해진 것이다.

ㄷ대표는 현지 주민들 앞에 전통차를 가지고 설 때 최대한 존중과 애정을 표현하곤 한다. 현지 주민들과 교제하는 가운데 차를 둘러싼 역사와 문화에 대한 지식은 물론 차 생산에 관한 땀과 눈물의 역사, 그리고 실제로 차를 어떻게 깊이 잘 우려내는지 등을 나눴고 이런 부분이 그들에게 충분히 어필되었다. 현지인들은 '저 사람의 비즈니스는 뭔가 다르다', '내 평생 우리 차를 이런 식으로 마셔 본 건 처음이다', '저 사람은 우리 역사와 문화를 존중한다' 등의 반응을 보였다. 주민들이 ㄷ대표와 그의 회사에 대해 마음을 열게 되었다.

지역 주민들이 ㄷ대표를 존중하다 보니, 그가 주민들 앞에서 대놓고 기독교인이라고 이야기해도 별문제가 없다. 현지인과 교제하던 중 현지인이 가정의 어려움을 나누자 ㄷ대표가 함께 차를 마시다가

복음, 시장 한복판에 서다

"내가 기도해 줄게" 하고는 그들 머리에 손을 얹고 기도했다. 불쌍한 마음에 눈물을 흘렸더니 그런 모습을 본 현지인들이 "저 사람은 뭔데, 나를 위해 기도하면서 눈물을 흘리지?"라고 질문하기도 했다. 복음은 그런 식으로 전해지게 되었다.

ㄷ대표는 수년 전부터 비즈니스의 현지인 이양을 생각하며 이 사업을 경영할 수 있는 현지인 직원들을 키워 오고 있다. 그는 현지인 직원들 앞에서 자신의 체면을 중요시하지 않는다. 그는 이렇게 말한다. "저와 현지인 직원들이 함께 있는 시간은 훈련의 시간이에요. 늘 하나님이 나를 통해 이들에게 뭔가를 가르치고 계신다고 생각합니다. 실제로 비즈니스 현장에서 직면하는 모든 사건마다 직원들이 저를 유심히 봐요. 제가 그 문제를 어떤 원리로, 어떤 방식으로 풀어내는지. 비즈니스 현장에서 순간순간 터지는 일들 속에서 현지인 직원들은 내가 이 일에 어떻게 반응하는지, 이 일을 어떻게 처리하는지 유심히 지켜봐요. 나는 날마다 시험대 위에 서 있어요. 나는, 그냥 이들에게 내 삶을 보여 주고 싶어요."

ㄷ대표의 회사는 그가 없어도 모든 것이 순조롭게 진행되고 있다. 기독교 신앙이라는 기반 위에 현지인 직원들이 스스로 비즈니스를 기획하며 운영하고, 대표가 없어도 이들끼리 모여 하나님을 뜨겁게 예배하는 일상을 살고 있다.

총체적 선교란?

케이프타운 서약의 서문은 '변화하는 현실'을 조명하며 "좋건 나쁘건 우리는 세계화와 디지털 혁명, 그리고 경제적, 정치적 권력의 균형 변화가 가져오는 충격을 느끼고 있다. 우리가 직면하는 어떤 것들, 즉 전 세계적인 빈곤, 전쟁, 종족 간의 갈등, 질병, 생태 위기, 기후 변화는 슬픔과 불안을 낳고 있다"라고 언급했다. 이는 우리 성도들이 영구불변한 복음을 안고 직접 살아갈 총체적 위기 상황을 잘 드러내고 있다. 그러면서 하나님의 창조 세계 전반이 총체적 어려움을 겪고 있는 이때 우리의 선교 역시 총체적이어야 함을 강조하고 있다.

> 7. 우리는 하나님의 세상을 사랑한다. [6]
> 총체적 선교란, 복음이 예수 그리스도의 십자가와 부활을 통해 성취된 하나님의 구원의 좋은 소식이며, 그 구원은 개인과 사회와 창조 세계를 위한 것이라는 성경적 진리를 분별하고 선포하고 살아 내는

---

6) Lausanne Movement, 케이프타운 서약, 44~45.

복음, 시장 한복판에 서다

것이다. … 우리는 복음이 모든 문화 속에 육화되고 스며들어 모든
문화를 안으로부터 구속하며, 그 문화들이 하나님의 영광과 그리스
도의 충만함을 빛나게 하는 것을 보길 원한다.

10. 우리는 하나님의 선교를 사랑한다.[7]
우리의 모든 선교가 이루어지는 장소는 우리가 살아가는 세상 곧 죄
와 고통과 불의와 창조 질서의 왜곡으로 가득한 세상이며, 이런 세
상으로 하나님은 그리스도를 대신해 사랑하고 섬기도록 우리를 보
내신다. … 하나님은 우리에게 가난한 자들을 긍휼의 마음으로 돌봄
으로써 그분 자신의 성품을 드러내고, 정의와 평화를 위해 분투하고
하나님의 창조 세계를 돌봄으로써 하나님 나라의 가치와 능력을 드
러내라고 명령하신다.

    총체적 선교의 정의를 보면, 복음은 그저 한 개인에만 국한된 것이
아니다. 그저 영혼 구원에 그치는 것이 아니다. 우리가 살아가는 지역
사회와 이웃을 포함한 사회 공동체, 그리고 자연환경과 온갖 자원을
포함한 창조 세계 전반을 포괄한다. 나아가 하나님의 선교가 일어나는
곳은 인간의 타락으로 망가진 모든 영역, 즉 죄와 고통과 불의와 창조
질서의 왜곡으로 가득한 세상이다. 이 모든 곳에서 우리 모든 성도들
은 우리의 삶을 통해 하나님 나라의 가치와 능력을 드러내야 한다.

———— 7) Lausanne Movement, 케이프타운 서약, 60~62.

Chapter 4

변혁의 영향력을
세상에 발산하다

리더십에 관한 책을 꽤 많이 읽었다. 대학 시절부터 가까이 다가간 주제였는데, 도서 목록을 일일이 나열하진 않겠지만 국내외에 걸쳐 여러 형태의 리더십 스타일을 두루 살피면서 스스로 묻게 된 질문은 이것이다. 나는 리더인가? 리더라면 어떤 리더인가? 이 질문은 기업 현장에서 활동하면서 더욱 크게 불거졌다. 시간이 지나면 지날수록 회사 내 직급이 올라가고 권한에 비례하여 책임이 커지면서 여러 이해관계자들을 두루 상대해야 했기 때문이다.

대학생 시절에 존 E. 하가이(John Edmund Haggai)가 쓴 『Lead On!』을 읽은 적 있다. 하가이 박사가 서문에서 못 박은 리더십의 정의와 역할이 인상 깊었고, 그 한 부분을 아직도 선명하게 기억하고 있다. "리더십이란 이해관계자들의 진정한 필요를 채

복음, 시장 한복판에 서다

위 주는 행위로서, 리더는 팔로워들이 여러 형태의 유익을 누리게 하면서 궁극적인 목표를 향해 나아갈 수 있도록 남다른 영향력(special influence)을 끼치는 사람이다."

리더십 정의만 놓고 보면 좀 투박해 보이는 표현이기도 하고, 글쎄 이것이 전부일까 싶기도 할 것이다. 요즘 꽤 많은 리더십 책을 읽으면서 더 세련되고 더 정교한 정의를 만나기도 하는데, 그럴수록 저자의 정의가 돋보이는 것은 왜일까? 여전히 내 마음에 어필되는 한 단어는 바로 '영향력'이었다.

비즈니스 세계 한복판에 있으면서 다양한 이해관계자들 앞에 영향력 있는 리더십을 발휘해야 했다. 리더로서 어떤 모습으로 보이고, 어떤 강점과 장점 가지고 어떤 일을 어떻게 잘하며, 그로 인해 몸담은 기업에 어떻게 좋은 영향력을 미칠 수 있는지 고민해야 했다. 리더십 연구는 지금까지 나 자신을 찾아가는 시간이었다.

리더: 영향력을 끼치는 자

영리 비즈니스를 이끄는 리더들에게 '리더십'이란 단어는 훨씬 더 살벌하고 까칠한 것일 수 있다. 개인 차원에서 그리고 기업 차원에서 하루에도 수백, 수천 가지의 결정적인 언행을 해야 한다면 어떠할까? 여기서 '결정적'이란 표현을 쓴 것은 단 하나의 언행이 단순히 나 자신과 내 가족의 어떠함을 넘어 훨씬 넓은 지경에서 훨씬 큰 영향을 줄 수 있기 때문이다. 한 단체의 리더로서 여러 의제를 앞에 두고 의사결정 방식, 재정집행 방식, 누군가와 인간관계를 맺는 방식 자체가 회사의 현실과 앞날에 영향을 끼친다. 또한 공급자, 주주, 피고용인, 지역 사회와 이웃 등 우리 회사를 둘러싼 적잖은 이해관계자들의 일상에 영향을 끼치게 된다. 이것이 바로 리더의 책임감일 것이다.

나 역시 비즈니스 현장에서 리더로 살아 보니 일일이 마주하는 크리스천 비즈니스 리더들을 볼 때마다 존경과 성심으로 대하게 된다. "와, 어떻게 하루하루 그렇게 사세요? 정말 대단하세요." 이들이 실제로 회사 경영을 잘하고 못하고를 떠나 일단 칭찬하고 존경을 표하면서 관계를 시작한다. 뭐랄까 회사 운영을 넘어 많은 이들의 삶에 영향을 끼칠 중요한 의사결정을 하는 자리, 그리고 그렇기에 매 순간 외롭고 고독한 자리라는 것을 알기에 그들의 존재가 완전히 새롭게 보이는 것이다.

이는 단순히 지역 교회를 섬기는 풀타임 목사나 부서 사역자 자리에 있을 때는 잘 보이지 않던 것이다. 교회 바깥의 시장 한복판이 얼마나 고달픈지 또 내 제품과 서비스를 팔아서 돈 한 푼 버는 게 얼마나 힘든지를 알게 되면, 무엇보다 그 모든 의사결정을 하는 자리가 얼마나 치열하고 고달픈 자리인지를 알게 되면 성도들을 바라보는 눈빛이 달라지게 된다.

실제로 나 나름대로 나이가 들면서 지역 교회 목회 현장, 선교지 현장, 비즈니스 현장 등을 두루 거치며 느낀 것은 한 가지다. 리더는 '영향력을 끼치는 자'라는 것이다. 그 영향력이 좋게 발현되어 좋은 리더가 되든 아니면 나쁜 쪽으로 발현되어 나쁜 리더가 되든, 우리 모두는 다양한 자리에서 다양한 모습으로 누군가에게 영향을 끼치기 마련이다. 리더란 누군가에게 혹은 어떤 일에 영향을 끼치는 자이다. 단순하지만 많은 생각을 하게 만드는 표현이다.

영성은 나이를 뛰어넘는다

모태 신앙으로서 중고등부 시절에는 우리 교회 그리고 가까운 교회에서 '누가 리더인가? 영적 영향력이란 무엇인가?'에 관해 생각할 일들이 제법 많았는데, 이런 일이 있었다.

불신 가정의 초등학교 저학년 아이가 같은 반 친구 손을 잡고 집 근처 교회를 가게 되었다. 하루는 이 아이가 주일학교 예배에서 예수 그리스도를 영접하면서 가슴이 뜨거워졌는데, 아이가 곧장 집으로 달려가서는 아빠와 엄마, 형제들에게 "예수를 믿어야 영원히 살 수 있어요. 예수를 믿어야 우리 가족이 행복해져요"라고 눈물로 호소하기 시작한다. 하루도 아니고 매일매일 온 가족의 구박을 받으면서 그 아이의 가족 전도는 계속된다.

얼마 후 놀라운 일이 벌어진다. 돌연 아이의 형들이 교회에 나오기 시작하고, 곧이어 엄마가 교회에 나오더니 아빠가 교회에 나오면서 결국 전 가족의 신앙생활이 시작된다. 어린 아이, 한 아이로부터 시작되어 온 가족의 구원 역사가 이루어진 것이다. 가족 전체가 복음을 받아들였다는 결과도 중요하지만, 이 역사가 작은 아이의 회심과 전도에서 시작되었다는 '과정'이 중요하다. 이런 류의 간증은 중고등부 시절에 우리 교회는 물론 가까운 교회에서도 자주 들을 수 있었다. 이런 간증은 우리로 하여금 리더십의 측면에서 '누가 과연 이 가정의 리더인가?'라는 질문을 던지게 한다.

앞서 하가이 박사의 리더십 정의에서도 알 수 있듯이, 리더십을 직위나 직분(position)이 아닌 영향력으로 정의하고 우리 각자가 어느 자리에서든 모종의 영향력을 발휘할 수 있는 입장이라 정의할 때 우리는 우리가 맡은 일에 신중해야 한다. 설교자가 강단에 섰을 때 표현 하나하나, 예화 하나하나에 진실만 담기도록 애쓰는 것과 유사하다.

수많은 이단이나 사이비들을 보면 리더들 자신에게 주어진 유무형의 영향력을 불건전하게 남용하는 가운데 돈, 권력, 야망, 성적 만족감을 위해 사람과 자원을 이용하는 모습을 보게 된다. 굳이 이단·사이비가 아니더라도 설교자들은 늘 극한의 긴장을 유지하며 영적 리더로서 하나님과 그분의 말씀 앞에서 자기 내면을 끝없이 성찰해야 하는 자리에서 서 있다. 내 마음의 가장 밑바닥에는 무엇이 있는지 혹시 숨은 다른 의도와 탐심은 없는지 봐야 할 것이다.

복음, 시장 한복판에 서다

이제 막 청소년기를 벗어나고 있는 앞날이 무한한 아들. 늘 궁금하다. 내 아들의 미래는 어떻게 전개될까? 영아기 유년기를 거치는 사이 함께하신 하나님의 일하심을 느끼기도 했다.

아들은 두 살 때 예수님을 인격적으로 영접하고, 네 살 때 진정한 회개가 일어난다. 말도 제대로 못 할 것 같은 어린아이 마음 가운데 성령께서 임하신 후 네 살 또래에게서 경험하기 어려운 죄의 고백이 일어나고, 예수님의 구원을 갈구하기도 해서 놀라웠던 기억이 있다. 일곱 살이 되자, 아들은 자기 삶을 예수님께 헌신하고자 했다(목사, 선교사가 되겠다는 뜻은 아니다). 비록 어리지만 아빠로서 아들의 모든 순간마다 함께 있었기에 그 진실함과 진지함이 무엇인지 분명하게 알 수 있었다. 누구든 쉽게 믿기 어려울 만큼 내게도 새로운 사건이었다.

시간이 조금 더 흘렀다. 아이는 차 안에 틀어 놓은 찬양에 귀 기울이더니 순간 "아빠, 이 찬양 다시 틀어 주세요.", "이 찬양, 기타로 쳐 주세요"라고 요청하곤 했다. 마음 담아 찬양을 따라 부르는 아이를 옆에서 지켜보며, 아들의 마음 안에 담긴 하나님을 향한 갈망을 신기하게 바라봤다.

가정에서 평생 무신론자이자 안티기독교인으로 사신 선친의 생전에도 어린 손주는 할아버지가 예수 믿고 구원받기를 기다리며 지속적으로 관심을 보이곤 했다. 할아버지의 영접과 결신을 두고 할머니와도 대화하는가 하면, 나와 아내와도 진지하게 대화하기도 했다.

　같은 반 친한 친구들을 교회에 데려간다면서 신나서 말하기도 하고, 일요일 아침이면 너댓 명의 친구들을 일일이 챙겨 예배하게 했다. 매주 토요일이면 주일학교 담당 목사님에게 '목사님, 저 친구 데리고 갑니다. 이 친구 잘 부탁드립니다'라고 문자를 보내고 그 친구의 엄마에게는 미리 담당 목사님 폰 번호를 공유하는 세심한 모습을 보이기도 했다. 이 역시 아들의 초등학생 시절 이야기다.

　청소년기를 벗어나고 있는 지금은 어릴 때와는 다른 양상으로 신앙을 발전시키고 있다. 중고등부 예배 설교문을 요약하고 그 주제에 대해 목사인 나와 아들의 진지한 토론이 시작되기도 한다. 인간의 죄성과 구원의 본질, 하나님 나라의 현재와 미래, 천국과 지옥, 세상 속 깨어지고 왜곡된 사회·경제 구조, 그 속에서 크리스천의 일상과 우리의 사명, 세월호 사건과 이태원 참사의 본질, 전 세계에 만연한 빈곤과 기아, 그리고 불평등, 창조와 진화, 동성애, 타 종교인들과의 관계성, 외계인 존재에 대한 견해 등 여기에 모두 나열하기 어려울 만큼 다양한 주제들이다. 나는 청소년기 아들과 함께 꽤 진지한 성도의 교제를 나누고 있다.

　위의 과정을 겪으며 나름 아이의 아빠이자 또한 신앙 멘토로서 느끼는 것은, 물론 그 옛날 내 주변에 있었던 한 아이로 인해 온 가족이 변하는 이야기만큼은 아니지만 지금 이 시대에도 크리스천 부모들이 아이들을 잘 양육하면 이들 또한 성인 크리스천만큼 아니 성인 크리스천 그 이상으로 더욱 반듯하고 더욱 선명하게 신앙생활을 할 수 있겠다는 것이다. 주일학교 유초등부 아이들의 신앙 성숙에 대한 기대가 많이 떨어져 있는 지금 그리고 청소년부 아이들이 그저 교회에 나오기만 해도 더 바랄 게 없다는 지금 이 시대를 살아가는 우리에게 아들의 이야기가 여러 가정, 여러 교회에서 들려지길 바란다.

우리 아이, 영적 리더로 키우기

자녀들을 '건강한 리더'로 세우는 데 중요한 전제들이 있다. 첫 번째 전제는, 부모들 스스로 성숙한 크리스천이며 양육자로서 우리 아이 주변에 만연한 세상사에 대해 일정 수준 이상 기독교 가치관을 중심으로 설명할 수 있어야 한다. 이는 지역 교회 담임목사와 부서 담당 교역자들에게 맡겨 놓을 수 없는 문제다. 나 역시 목사이기 이전에 건강한 크리스천 사회인으로 살기를 추구하는 사람으로서 세상에서 바쁘게 살고 있더라도 '내 아이의 영성은, 내가 책임진다'는 생각으로 늘 아이와의 소통에 신경 쓰고 있다.

정말로 크리스천 부모는 자기 스스로 성경적 세계관으로 무장되어 있어야 하고 이를 기반으로 교회 안(신앙 체계)과 교회 밖

(신앙 체계의 실제 현실 적용)을 지혜롭게 설명하고 다룰 줄 아는 영적 리더가 되어야 한다. 특히 부모 자신부터 자기 삶을 통해서 신앙의 가치가 일관되게 구현되어야 한다.

아이들은 금방 안다. 자기 부모가 신앙 따로 일상 따로의 이중적인 삶을 사는지 아닌지. 아이 입장에서 부모의 일상을 볼 때 신앙생활의 매력을 느끼지 못하게 된다면 아이는 자기 자신 또한 그런 자세로 어른으로서 삶을 선택한다. 당장 부모 손을 잡고 혹은 부모 차를 타고 교회에 다니며 고등부 임원으로 섬기고 찬양 팀 싱어로 섬기겠지만 적잖은 경우 대학에 진학하는 순간 영적으로 전혀 다른 길을 가기 시작할 지도 모른다.

두 번째 전제는, 자녀를 그저 아이로만 대하지 않는 자세이다. 세상의 안 믿는 이들이 가진 보편적인 마인드로 보면 아이는 내 소유물 같고 내 자아와 내 일상의 어떠함을 부여해 주는 존재이며 때로는 자기 성취의 대상처럼 여기지만, 크리스천 부모는 이런 인식과 판단에서 벗어나야 한다.

내 아이는 그 자체로 하나님의 고귀한 형상이고 하나님이 잠깐 맡겨 주신 주의 자녀로 언젠가 세상에서 독립적으로 살아가야 할 주체이며, 언제든 독립적으로 하나님 나라의 사명을 감당할 나의 동역자요 파트너라는 인식이 중요하다. 가능하다면 아이가 태어나는 순간부터 이런 인식 아래 아이를 양육하면 좋겠다. 물론 보편적인 한국 사회의 전통과 문화, 그리고 주일학교 분위기를 생각하면 어려운 일이지만 말이다.

다시 한 번 '영향력'이란 단어를 강조하고 싶다. 우리가 한 아이의 부모이자 동시에 주인의 뜻을 아는 청지기로서 우리 가정에서 어떤 형태의 영적 리더십을 발휘하느냐에 따라 부부 관계는 물론 자녀들의 미래가 결정될 수 있다.

일터 현장 속 영적 리더십

수년 전, 기업 현장에 있을 때 하나님은 나로 하여금 '내 직급 아래에 있는 이들을 존중하고 세우는 훈련'을 하게 하셨다. 그 시작은, 직원들로 하여금 자유롭게 자기 의사를 표시하게 하는 것이다. 직원들은 저마다 회사 조직에 대해 피드백을 하고, 내가 이끄는 프로젝트에 대해 피드백을 했으며, 개인인 나에 대해서 피드백을 하기도 했다. 때로는 말단 직원이나 중간 관리자가 아무 여과 없이 불평불만을 토로하는 경우도 있었다. 이런 순간이면 나를 향한 공격으로 들리기도 했다. 물론 적지 않은 상사들이 이러한 불평불만을 도전이자 공격으로 받아들여 피드백에 대해 소극적으로 대응하거나 역공을 펼치기도 했지만, 나는 그러지 않았다. 상사로서 부정적으로 또 강압적으로 대응을 한다면 이후에는 회사 조직에서 허심탄회한 대화와 소통이 사라지기 마련이다.

곧바로 대응하기보다 듣는 쪽을 선택했다. 하나님은 나로 경청의 훈련을 하게 하셨다. 시간이 지나면서 나의 권위 아래 있는 직원들이 '나의 리더'가 될 수 있음을 알게 하셨다. 이들과 소통할 때 늘 '포지션'으로 대화하는 것이 아닌, '가치'를 가지고 대화했다. 그러다 보니 갈수록 직원들과의 수평적인 대화가 어렵지 않았다. 정직하고 진솔한 소통은 어제보다 더 나은 내가 될 수 있는 계기를 만들어 주었다. 직원들도 자신이 모종의 영향력을 끼칠 수 있다는 인식이 자리잡으면서 나에게도 물론이고 회사 차원에서 큰 도움이 되었다.

비즈니스 현장에서의 영적 리더십은 인간과 인간 사이 소통에서 시작된다. 특히, 권위 아래 직원들과의 관계성이 너무 중요하다. 우리는 하나님에 의해 비즈니스 세계로 파송받은 복음을 아는 자이다. 일터에서 매 순간 자기 자신을 통해 회사 조직 내 건강한 문화가 형성되고 있는지, 자신의 사업이 소비자는 물론 지역 사회와 이웃에 건강한 영향력이 흘러가게 하는지 살펴야 한다.

앞서 성속이원론을 나눴는데, 건물 교회 안이 거룩하고 교회 밖이 속된 것이 아닌 진정 일터에서 스스로 복음을 아는 자로서 복음에 합당한 삶을 살고 있는지 그렇지 않은지를 끊임없이 조명해야 한다.

한 대기업을 바꾼 경건한 변혁

수년 전의 일이다. IBA 서울컨퍼런스에 직장인 한 명이 자

복음, 시장 한복판에 서다

신의 사례를 나눴다. 그는 A대기업에서 화장품 원료를 개발하고 제조 공정을 기획하는 일을 하는 연구원이었다. 그가 몸담은 대기업은 화장품 업계에서 국내는 물론 글로벌 시장에서 높은 수준의 경쟁력을 자랑하는 회사였다. 그만큼 회사의 매출 규모와 고용 인원이 컸다.

이 연구원은 어느 날 말씀 한 구절을 묵상한다. 성도들에게 익숙한 말씀이었다. "하나님이 지으신 그 모든 것을 보시니 보시기에 심히 좋았더라"(창 1:31) 그날따라 이 말씀이 그에게 깊이 꽂혔고, 일터 현장을 떠올리게 했다. '하나님께서 처음 세상을 만드시고 심히 좋았다고 하셨는데 우리 회사가 생산하는 화장품 원료와 제조 공정에는 이런 창조 세계의 아름다운 가치가 담겨 있지 않구나. 원가절감이라는 이유로 값싸지만 인체에 유해한 원료를 쓰고 있고, 하나님이 만드신 자연환경을 파괴하고 있으니… 바꿔야 하지 않겠는가.'

그는 회사에서 건강한 화장품 개발을 테마로 회사 이해관계자들을 설득하기 시작한다. 그렇다고 대놓고 "말씀을 묵상했는데, 하나님이 이 마음을 주셨습니다"라고 할 수는 없었다. 성경의 가치와 세상의 유익이 만나는 지점을 잘 반영하여 새로운 상품을 기획하고, 이를 가지고 꽤 오랜 시간 많은 이들을 설득해 냈다.

그 결과 비즈니스 과정 안에 창조 세계 돌봄에 관한 묵상을 적용하는 데 성공한다. 1kg당 발생하는 CO_2를 절반으로 줄이고 용매 대신 물을 이용한 공정으로 환경 오염을 최소화했다. 제조시 발생하는 부산물을 퇴비화하며, 100% 재생이 가능한 소재를 개발했다. 지금이야 환경에 관한 관심이 많기에 이런 친환경 공정을 실천하는 것이 좀 더 쉬울지 몰라도 당시만 해도 회사 차원의 저항이 있었다. 얼마 후 그의 묵상과 실천이 담긴 새로운 상품이 출시되고, 뒤이어 친환경 가치를 담은 화장품 브랜드가 생기게 된다.

발표자의 귀한 간증을 들으며 두 가지 생각이 들었다. 첫째, 하나님께서 이 한 사람의 삶을 얼마나 귀히 보셨을까, 하나님의 마음이 얼마나 시원하셨을까 하는 것이었다. 날마다 수천수만 대기업에 출근하는 인파 속에 하나님 나라를 품은 단 한 사람이 말씀을 사모했고 묵상한 내용을 붙들고, 일터에서 실제적인 변혁을 일으키려 애쓰는 과정이 그분의 눈에 얼마나 아름다워 보였을까. 대기업 임원들이나 소비자들은 단지 환경적 가치를 담은 또 하나의 신상품 개발을 눈여겨보면서 지지했겠지만, 하나님은 그의 삶에 담긴 과정과 결과를 아주 특별하게 보셨으리라.

둘째, 보통의 직장인도 일터 현장에서 건강한 리더십을 발휘할 수 있다는 것이다. 건강한 세계관으로 세상의 망가진 면면들을 눈여겨보며 아파할 때, 몸담은 업계와 회사 조직, 목적 사업들을 조명할 때 사소하게 무기력하게 보이던 자신의 직위를 넘어 전사적으로 건강한 영향력을 발휘할 수 있다. 사람들은 바로 그 내면의 건강성과 바로 그 관점의 특별함에 주목하게 된다. 실제 최종 결과물이 나오느냐 안 나오느냐는 그다음 문제일 뿐이고, 중요한 것은 작은 그리스도라고 불리는 크리스천들이 비즈니스 세계에서 어떤 영향력을 발휘하느냐는 것이다.

종종 적잖은 기독교인들이 건물 교회에서는 찬양하고 방언 기도하며 단기 아웃리치에서 선교지를 섬기다가도, 시장 한복판에 나오면 일시에 무력해져서 어떤 영향력도 발휘하지 못하는 이들을 본다. 혹은 세상 여기저기 해악을 끼치는 여느 리더들 무리와 크게 언행이 다를 바 없는 이들의 일상을 보곤 한다. 하나님이 우리에게 주신 사명과 영향력을 놓고 생각해 볼 때, 참으로 안타까운 일이다.

사장의 거룩함이란

지역 교회로부터 강의 요청이 들어올 때 대부분의 강의 제목은 '일터 영성과 선교적 삶'에 대한 질문이다. 크리스천으로서 일터에서 어떤 영성으로 살아야 하는가? 현실적이고 실제적인 질문이다. 일터 영성을 다룰 때마다 인용하는 한마디는 〈리디아알앤씨〉 임미숙 대표의 말이다. 임 대표는 2002년 11월 이후 지금까지 헬렌스타인이라는 침구류 브랜드를 중심으로 활발하게 비즈니스 활동을 해 왔다. 임미숙 대표에게 BAM 강의를 요청할 때마다 강의에 빠지지 않는 내용이 있다. 바로 '사장의 거룩함'이다.

주된 강의 내용은 이렇다. 하나님은 레위기 19장을 시작하시면서 1~2절에서 "너희는 거룩하라 이는 나 여호와 너희 하나님이 거룩함이니라"라고 말씀하신다. 그 이후에는 거룩함의 예시를 든다. 특히 13절은 모든 고용주에게 주는 예시이다. "너는 네 이웃을 억압하지 말며 착취하지 말며 품꾼의 삯을 아침까지 밤새도록 네게 두지 말며" 이렇듯 하나님이 대표들에게 요구하는 것은 단순하다. 노동력을 착취하지 말고 월급을 제 날짜에 주라는 내용이다.

임 대표는 웃으면서 이렇게 덧붙인다. "지금까지 월급을 단한 번도 밀려 지급한 적 없는데 이대로 잘하면 되겠다 생각합니다. 말씀대로 급여 지급일이 되면 월급을 오후에 주지 않고 아침 8시에 지급해 왔습니다. 직원들이 안정적인 급여를 받으며 자기 삶을 넉넉히 영위하도록." 동시에 크리스천 기업인에 대해 이렇게 일갈한다. "한국 땅에 기독교인이 운영하는 기업들 가운데 적지 않은 경우는 이 크리스천 대표가 기업 활동을 통해 번 돈을 가지고 소속 교회에 십일조도 하고 선교지에도 열심히 헌금을 보내지만 정작 자기 직원들이 노동하고 수고한 몫을 얼마나 잘 챙겨 주는지 물음표입니다."

공감되는 부분이다. 기업을 운영하든 자영업을 하든 "대표들이 자신에게 맡겨진 직원들을 얼마나 정당하고 제대로 대우하고 있는가"라는 질문을 놓고 우리 주변을 둘러보면 그렇지 않다는 것이 현실이다. 임 대표의 말대로 고용주에게 바라는 기본 조건은 그렇게 까다로운 것이 아님에도 말이다.

물론 비즈니스 현장을 쉽게 보는 것은 아니다. 돈 버는 것이 얼마나 힘들고, 근로자 한 명을 고용하는 것이 얼마나 힘든지, 또 그 한 명을 최소 급여 이상으로 그의 삶이 지속가능한 구조에 이르도록 챙겨 줌이 얼마나 힘든지 모르지 않는다. 다만 고용인과 피고용인 사이에 최소한의 약속인 노동 계약서에 담긴 약속조차 제대로 지켜지지 않으면서 "우리 기업은 하나님의 기업입니다. 우리는 지역 교회 목회와 해외 선교를 수행합니다"라고 한다면, 미신자 구성원들은 어떤 방식으로 자신이 속한 일터를 바라볼까 싶다. 믿는 직원들조차도 시험에 들어 "목사님, 차라리 우리 대표가 '우리는 기독교 기업'이라고 말하지 않았으면 좋겠어요. 마음이 너무 상합니다"라는 직원들도 꽤 많이 만난다. 국내에서나 해외 선교지에서나 크리스천 기업 활동의 선한 영향력은 '지속가능함 그 위에' 세워진다.

임미숙 대표를 만나 나누다 보면 '리더의 영향력은 겸손과 섬김에서 나온다'는 것을 생각하게 된다. 궂은일은 먼저 한다는 대표의 신념 아래 회사가 20년 차 되었음에도 여전히 직원들과 바비큐 파티를 할 때면 남편과 둘이서 모든 직원이 먹을 고기를 굽고, 창고에서 비 오면 비 샐까, 눈 오면 지붕 무너지지 않을까 먼저 달려가고, 하수구 막혀도 먼저 달려가는 임 대표다.

이런 노력과 의지는 하고 싶다고 되는 것이 아니다. 속사람의 근본 동력이 받쳐 주지 않으면 잠시 폼은 잡더라도 20년이 넘는 세월을 꾸준히 이어 가기는 어렵다. 모르긴 몰라도 임 대표가 복음을 아는 자로서 운영하며 나온 신앙의 결과물이 아닐까 생각해 본다. 이 모든 동기와 힘은 '속사람'에서 올라오는 것이다.

복음에 적대적인 그 땅에서

크리스천 비즈니스 리더들 가운데 적잖은 이들은 창의적 접근 지역(creative access nations) 즉 복음을 말과 글로 직접 전할 수 없는 이슬람교, 힌두교, 사회주의 사상 등이 강력하게 자리 잡고 있는 선교 제한 국가에서 거주하며 비즈니스를 운영하고 있다.

이들에게는 공통점이 있다. 선교적 목적성을 가지고 해외 타 문화권 국가에 들어가서 특정 지역에 일터를 만들어 현지인 주민들을 고용하는 가운데 비즈니스 리더로서 현지인 피고용인은 물론 지역 사회와 이웃, 비즈니스 업계, 마을과 도시, 국가 단위에 여러 형태의 선한 영향력을 끼친다. 비즈니스 현장에서 날마다 기독교 신앙에 적대적인 현지인 피고용인들과 함께 동고동락하며 일상 그 자체로 복음이 무엇인지를 보여 주는 이들이다.

어찌 보면 선교 제한 국가의 크리스천 기업인들이야말로 크리스천의 크리스천됨을 제대로 보여 주는 리트머스 종이요 시금석 같은 존재이다. 이들 대부분 해당 국가에 들어갈 때는 그리고 그곳에서 자리 잡고 비즈니스 활동을 시작할 때는 기업 대표와 가족 외에 아무도 복음을 아는 사람이 없고 현지인 피고용인은 물론 지역 사회와 이웃 모두 적대적인 상황이다. 그런 선교적 환경과 비즈니스 조건에 작은 그리스도요 복음을 아는 자로서 비즈니스도 지속가능하게 일구며 현지인들의 삶에 경제적으로 도움을 주면서, 유무형의 선교적 영향력을 끼친다는 것은 굉장히 어려운 일이다. 그러다 보니 복음이 지닌 변혁의 영향력을 이처럼 극적으로 보여 주는 곳도 없을 것이다.

해외 선교지 BAM 기업들의 실제 사례들은 각 장 마지막 부분에 〈더보기〉 형태로 공유해 놓았다(이 장을 읽으면서 일곱 사례를 한 번에 읽기를 추천한다). 일부 독자들에게는 선교지 현장 이야기에 거리감이 느껴질 수 있지만, 무신론자와 안티기독교인의 숫자가 부쩍 늘고 상대적으로 지역 교회와 크리스천의 비중이 양적으로도 질적으로도 급격히 줄어드는 지금 '우리의 선교 방식은 어떠해야 하는가'를 질문해 볼 때, 위의 사례들이 주는 교훈이 있을 것이다.

특히 요즘은 대한민국 사회도 점점 복음을 전할 기회와 방식에 제약이 생기는 상황이어서 '우리가 창의적 접근 지역의 선교 방식에서 힌트를 얻어야 하는 것이 아닐까' 생각하게 된다. "우리는 기독교 기업입니다"라거나 "우리 직원은 크리스천이어야 합니다"라고 내세우지 않더라도 기업 대표와 경영진이 크리스천답게 경영 활동을 하고 크리스천답게 일터의 이해관계자들과 호흡한다면, 그것만으로도 하나님 나라의 선한 영향력을 창출할 수 있을 것이라 생각한다.

안 믿는 이들과 함께 일하며

〈제이어스〉는 한국 교회 예배 사역 팀들 중 많이 알려진 사역 팀이다. 10대, 20대들이 제이어스를 중심으로 하나님을 향한 그들의 열정을 드리고 또 헌신하는 일들이 일어나고 있다. '제이어스'라고 하면 찬양 사역 하는 곳으로 알고 있으나 최근 제이어스 팀은 〈자이온〉 비즈니스를 개척했다. 자이온 매장에서 높은 수준의 수제 햄버거와 각종 메뉴들을 맛볼 수 있다. 그 맛도 맛이지만 한편으로 자이온 등촌점이든 종로점이든 매장 인테리어가 예술적으로 구성되어 있음을 알 수 있다.

단순히 수제 햄버거를 많이 팔아 이윤을 남기고 그 돈으로 선교하려는 목적만이 아니다. 이들은 도시의 낙후된 지역을 청년들로 북적이게 만들어, 그로 인해 지역 상권을 살리려는 지역 재생의 목적을 가지고 있다. 기독교 공간이 이렇게 세련되고 고급스러우며 또 기독교 문화가 이렇게 창의적이고 혁신적일 수 있다는 것을 보여 주고자 하는 목적도 있다.

보다 근본적으로는 오랜 시간 예배자의 영성으로 다져진 무릎을 가지고 이제 시장 한복판으로 나와 비즈니스 세계에서 그들이 가진 선교적 영성을 표현하고, 가까운 미래에 해외 선교지 현장으로 진출할 계획을 가지고 있다. 이들의 사역이 그저 예배

복음, 시장 한복판에 서다

에만 머무는 것이 아닌 비즈니스 세계와 해외 선교지 현장으로 뻗어 나간다는 것은 진취적이고 도전적인 일이 아닐 수 없다.

최근 자이온 종로점 오픈 예배가 있었다. 내게 격려사를 부탁하며 초대한 제이어스 김준영 대표가 다가와 귀띔했다. 자이온 사업이 빠른 시간 내에 급격하게 커지다 보니 매장 직원들 가운데 안 믿는 이들이 전체 직원의 절반 가까이 높아졌다고 했다. 그 이야기를 듣고 나서 나는 격려사 때 이 이야기를 인용해 한마디 했다. "여러분이 펼치고 있는 이 일이 진정한 선교요, 진정한 BAM 현장입니다!" 정말이지, 직원 상당수가 미신자라는 것은, 우리 크리스천들에게는 무척 흥분된 도전이 아닐 수 없다.

그렇다. 크리스천으로서 안 믿는 이들과 함께 어깨를 맞대며 말로만 예수 믿으라고 하는 것이 아닌 진정 그리스도인이 살아가는 복음을 아는 자의 생활 양식을 보여 줄 수 있다는 것, 이보다 더 영광스럽고 가치 있는 일이 또 있겠는가! 자이온 일터를 통해 복음을 접할 다수의 청년 직원들, 이들의 비즈니스를 통해 사회적, 경제적, 환경적 회복을 경험할 지역 사회와 이웃을 생각하면 흐뭇하다.

확장되어야 할 좋은 성도의 기준

교회 청년들이 교회 건물 안에만 우르르 몰려 있는 것을 질색한다. 단순히 크리스천 청년들이 주중 예배들을 다 챙겨서 참석하고 주일학교 교사로 봉사하고 방학 때 해외 아웃리치 가는 것에 대해 뭐라고 하는 게 아니다. 이는 하나님 앞에서 귀한 일이요 지역 교회를 건강하고 튼실하게 만드는 귀한 일이다.

다만 청년들이 교회 문화에 심리적인 안정감을 두며 그 안에 갇혀 버린 채 정작 세상에서는 방어적으로 소극적으로 살아간다면 어떠할까. 시장 한복판에서 야성을 잃은 채 수동적으로 살아가는 모습을 보면 안타깝고 측은하다. 적잖은 청년들이 교회 건물 안에서는 어른들로부터 착하다 칭찬 받지만 교회를 나서는 순간 무능하고 미래가 불투명한 이들로 살아감을 보게 된다.

내가 일하는 IBA에 몇몇 30대 청년들이 간사로 섬기고 싶다고 해서 지원서를 보게 되었는데, 사회·경제 차원의 경력은 무얼 해도 채 1년도 되지 않았고, 교회봉사 경력만이 한가득이었다. 이 친구들의 기록이 진심인가? 나를 놀리는 건 아닐까? 확인하려고 물어보자, 진짜라고 한다. 그렇게 살아왔다고 한다. '교회 안 순둥이들'이다.

나는 교회 어른들이 이들에게 잘못 가르친 탓이라 생각한다. 대체 지역 교회에서 뭘 가르친 걸까? 청년들의 인생을 저렇게 무방비 상태로 만들어도 되는 걸까? 교회 어른 크리스천들이 가진 이른바 '좋은 성도'의 기준을 떠올려 보자. 흔히 좋은 성도라 하면 매번 일요일마다 대예배에 참석하고 새벽예배, 수요예배, 금요예배 같은 주중 예배에도 참석하며, 헌금도 주정 헌금을 포함해 갖가지 헌금을 내고, 남여전도회 활동을 비롯하여 주일학교 교사, 주차 안내 담당, 주방 봉사, 각종 교회 봉사에 충실히 하고, 때에 따라 해외 아웃리치에도 참석하는 그런 성도를 가리키고 있기 마련이다.

다시 한 번 강조하지만 이런 전통적 가치는 여전히 소중하다. 귀한 충성이요 헌신이다. 앞으로도 계속 필요한 요소이다. 다만 이제 '좋은 성도'의 기준이 좀 더 확장되어야 한다. '교회 안'을 넘어 공동체 예배를 마치고 나서 월요일부터 토요일까지 우리 가정과 일터, 특히 목회자 그룹의 시야에서 벗어나 시장 한복판에서 선교적 삶을 살아가는 '성직'의 가치가 중요하다. 우리가 온전한 주님의 것이라 불러 왔던 십일조 헌금만 중요한 게 아니라 나머지 십의 구조 역시 주님의 청지기로서 어디에 어떻게 사용하는가에 대한 질문도 중요하게 다뤄야 한다.

어찌 보면 요구가 더 늘어난 것인지 의문을 갖겠지만, 실상 세상에서 성직을 수행하는 청지기로서의 삶은 모든 크리스천의 몫이다. 다만 이렇게 모든 성도에게 기대되었던 건물 교회 바깥에서의 성직 수행의 사명이 313년 콘스탄틴 칙령을 전후로 '거룩'이라는 것이 오롯이 건물 교회라는 장소에 한정되고 '거룩'이 일요일이라는 시간에 한정되며 '거룩'이 사제(신부와 목사) 계급으로 한정되었던 것뿐이다. 이제 모든 성도에게 기대하는 것은, 언제 어디에서든 무슨 일을 통해서든 주님의 청지기로서 선교적 삶을 살아 내는 것이다.

∞

한 크리스천 기업 대표가 내게 부탁했다. "목사님, 교회 청년들에게 비즈니스 선교 강의 때마다 '제발 좀 직장 동료에게 커피 한 잔 사라'고 해 주세요. 크리스천 청년들을 보면 교회 부서 소그룹 친구들에게는 커피도 사고 밥도 사는데 미신자 직장 동료에게 인색한 모습을 봅니다." 방학 때는 신실하게 멀고 먼 나라로 선교 여행을 다녀오지만, 일터 현장 바로 옆자리에 앉은 미신자 동료의 필요와 섬김에는 아주 둔감하다는 이야기였다. 그들에게 선교란 무엇인지 묻고 싶다.

또 다른 크리스천 기업 대표도 이를 공감하며 아쉬운 톤으로 나눈다. "제가 크리스천이어서 그런지 예전엔 크리스천 청년들이 우리 회사에 입사 지원서를 냈다고 하면 어지간하면 받아 주려 했는데 시간이 지날수록 뽑지 말자는 생각이 듭니다. 교회에서 어떻게 가르쳤는지, 직장 생활 겨우 1년 차, 2년 차인 이들이 교회에서 배운 아주 높은 수준의 도덕적 잣대를 회사 운영에 들이대며 회사 조직과 사업 방식을 조목조목 지적하기도 해서 어찌나 당황스러웠는지 모릅니다. 회사가 좀 부족하다면 할 일을 찾아 대안을 제시해서 실천하려고 해야 하는데 말이지요. 이 친구들, 회사에서 왕따입니다."

그는 계속해서 토로한다. "그런 청년일수록 주중에 열리는 교회 모임에는 얼마나 열심인지 모릅니다. 대표가 크리스천인

걸 알아서 그러는지 툭하면 수요예배 간다, 금요예배 간다, 제자 양육 받으러 간다, 선교 훈련 받으러 간다, 그럽니다. 옆자리 안 믿는 동료들은 기업의 지속가능성을 위해 야근하고 밤새워 일하는데 이러한 모습이 안 믿는 이들에게 어떤 영향을 미치겠습니까? 안 믿는 동료들이 쓴소리를 할 수밖에 없어요. 회사의 사활이 걸린 프로젝트가 진행되는데도 해외 아웃리치 간다고 눈치 없이 휴가를 내고 자리를 떠난다면… '진짜 선교'가 무언지 아는 걸까요?" 다시 반복하지만, 일터 현장에 함께하는 안 믿는 이들의 마음조차 읽지 못한다면 과연 해외 아웃리치가 자신에게 어떤 의미인지 되짚어 봐야 할 것이다.

혼돈과 결핍 속 크리스천 리더십

나 개인적으로 마음이 새로워져야 할 필요가 있다는 생각이 들 때마다 에스겔 47장을 묵상한다. 한 개의 이야기 구조에서 미래적이고 궁극적인 하나님 나라의 완성, 그리고 현재 지금 여기를 사는 우리에게 도전이 되는 하나님 나라의 양상이 함께 나타나 있다.

> 8 그가 내게 이르시되 이 물이 동쪽으로 향하여 흘러 아라바로 내려가서 바다에 이르리니 이 흘러 내리는 물로 그 바다의 물이 되살아나리라 9 이 강물이 이르는 곳마다 번성하는 모든 생

물이 살고 또 고기가 심히 많으리니 이 물이 흘러 들어가므로
바닷물이 되살아나겠고 이 강이 이르는 각처에 모든 것이 살
것이며 10 또 이 강가에 어부가 설 것이니 엔게디에서부터 에
네글라임까지 그물 치는 곳이 될 것이라 그 고기가 각기 종류
를 따라 큰 바다의 고기 같이 심히 많으려니와 11 그 진펄과 개
펄은 되살아나지 못하고 소금 땅이 될 것이며 12 강 좌우 가에
는 각종 먹을 과실나무가 자라서 그 잎이 시들지 아니하며 열
매가 끊이지 아니하고 달마다 새 열매를 맺으리니 그 물이 성
소를 통하여 나옴이라 그 열매는 먹을 만하고 그 잎사귀는 약
재료가 되리라 _에스겔 47:8~12

인류에게 주어진 역사가 끝나고 영원한 최종적인 하나님의
통치가 시작되면 그날에는 하나님의 강으로 인해 모든 것이 살
아나고, 모든 것이 치유되고, 회복되며 모든 것이 풍성하게 열
매 맺는 시간이 올 것이다. 한편 이 본문은 지금 여기를 살아가
는 우리의 자리를 두고 바라볼 때 '하나님 나라를 품고 사는 리
더'의 삶을 중심으로 상상해 볼 여지가 있다. 하나님 나라의 현
재를 살아가는 우리, 바로 우리의 일상을 통해 회복되는 세상
만물의 모습.
　예수님이 이 땅에 계실 때 베푸셨던 그 모든 이적과 기사들
특히 질병으로부터의 회복됨, 귀신의 떠나감, 죽은 자들의 살
아남 등은 그 자체도 소중했지만 결국 그 모든 회복의 역사는

왕 되신 하나님의 온전함을 드러내는 것이요 그분이 다스리시는 온전한 세상을 미리 보여 준 것이었다. 이는 예수님이 세상에 대해 그러하셨듯이 우리에게 주어진 세상을 향한 사명이기도 하다. 무너지고 망가진 세상을 회복시키는 청지기요, 혼돈과 결핍이 가득한 시대 속에 선한 영향력을 끼치는 리더로서의 부르심인 것이다.

하나님 나라의 관점과 목적과 영향력을 품은 크리스천 리더를 통해 모든 곳마다 모든 순간마다 부어 주시는 성령의 강으로 인해 허락된 사람들이 살아나고 치유되고 회복될 것이며, 주님의 이름으로 손대는 여러 곳에 풍성한 열매가 맺히게 될 것이다. 이것이 바로 종말의 시대를 살아가는 크리스천에게 주어진 영향력이다. 크리스천 리더의 영향력이 그 어느 때보다 절실하다. 세상의 겉모습을 보면 자본의 규모가 더 커지고 인공지능을 위시한 과학기술의 발전이 빨라졌으며 대중문화는 더욱 반짝거리는 모습이다. 그러나 실상은 많은 이들이 전인적인 혼돈을 겪고 총체적인 결핍 속에 살아간다. 이런 때 우리 크리스천들은 복음을 아는 자로서 세상을 회복하고 변혁시키는 리더로 살아야 한다.

도시 문화를 변혁시키는
비즈니스

ㄹ대표는 사회주의 국가 D국에서 14년째 카페 및 외식업, 프랜차이즈 사업을 하고 있다. 회사 소속의 커피 전문점 21곳과 패밀리 레스토랑 7곳을 운영한다. ㄹ대표는 비즈니스 과정을 통해 그의 기업체가 있는 도시의 문화를 건전하게 만들어 왔다.

그의 카페와 레스토랑이 있는 도시는 술과 남자들의 도시였다. 어두워지면 학생, 여성과 아이들이 길거리를 다닐 수가 없었다. 일반 식당일지라도 여성이 아이들을 데리고 들어가기 불편할 정도로 상의를 탈의한 채 남성들이 술을 마시며 담배를 피우던 곳이었다. 이 도시에는 이미 다방이 200곳이나 있었으며 술, 담배, 여자를 팔았다.

이 도시에 사업장을 세우기 전에 ㄹ대표가 세운 원칙이 있다. '우리는 기존의 이 도시 사람들이 하지 않았던 비즈니스를 해야 한다. 기존 사람들의 경쟁자가 되어서는 안 된다. 건강한 문화를 만들며 선한 영향력을 끼치는 비즈니스여야 한다'는 것이었다. 가장 먼저 커피 전문점에서 담배를 못 피우게 해서 이로 인한 갈등이 잦았다. 담배를 바깥에서 피우라고 하면 소리 지르며 행패를 부렸고, 심지어 술잔을 집어던지고 나가는 손님도 있었다. 그래도 고유의 커피 향을 지키기 위해 ㄹ대표와 직원들은 실내에서 담배를 못 피우게 했다. 손님들은 영하 15도 한겨울 날씨에도 바깥에서 흡연해야 했다.

이 원칙을 지킨 결과 흥미로운 일이 벌어졌다. 방송국 아나운서 같이 단정하고 깔끔한 차림을 한 손님들이 카페를 찾기 시작했다. 누구든지 노트북을 펴 놓고 작업을 하거나 팀 미팅 장소로 활용하고 있었다. 그 도시의 다른 매장에서는 보기 드문 광경이었다. 완전히 차별화된 '물 좋은 명소'로 자리 잡은 카페는 현지인에게 호평을 받으면서 매출이 더욱 높아졌고, 원래 도시에 있던 술과 담배, 여자를 파는 카페들은 점차 사라졌다.

패밀리 레스토랑의 경우도 마찬가지였다. 그 도시의 식당은 술, 담배를 안 파는 곳이 없었다. 실제로 내부 투자자들은 "레스토랑을 하면서 술, 담배를 안 팔면 망한다"라며 격렬하게 저항했다. 음식을 먹으면서 콜라를 마실 수는 없다는 것이 현지 주민들의 정서였다. ㄹ대표는 투자자들의 저항에 맞서며 "두 달만 해 보고 안 되면, 당신들 마음대로 해라"라고 했다. 한 달 만에 결론이 났다. 패밀리 레스토랑에 아이들과 함께 온 여성들을 볼 수 있게 된 것이다. 아이들의 생일 파티는 모두 이곳 레스토랑에서 이루어졌다. 그리하여 도시에 한 곳이었던 레스토랑이 곧바로 대형 레스토랑 세 곳으로 확장되었다.

이를테면, 기독교 신앙에 뿌리둔 차별화가 레스토랑 비즈니스의 새 길을 열면서 동시에 도시에 건강한 변혁을 일으킨 것이다. 2008년 만 해도 영화 〈배트맨〉에 나오는 고담 시 같았던 도시가 이제 밤늦게 까지 누구나 안전하게 다닐 수 있는 도시가 되었다. 이 토대 위에 커피 영역의 글로벌 브랜드들도 따라 들어와 주변에 자리 잡게 되었다. 이 모든 과정을 지켜본 이 지역의 대학교수는 "이 기업이 아름다운 도시로 만들었다"라고 평가했다.

ㄹ대표의 D국 법인은 현지인 직원들이 예수 믿는 일이 꾸준히 일 어나고 있다. 창업 초기만 해도 창업 멤버 정도만 크리스천이고 현지 에서 채용한 대부분의 직원들은 크리스천이 아니었는데 어느덧 모든 직원들이 복음에 긍정적인 반응을 보이고, 일시적이나마 '회사 전체 복음화'가 이루어지기도 했다. 현지인 직원들 가운데 몇몇이 예수를 믿더니, 그들의 가정이 구원받은 일도 일어났다.

복음, 시장 한복판에 서다

우리의 일터, 우리의 노동

로잔운동의 케이프타운선언문 2부에는 '구체적인 행동 요청'이 담겨 있다. 특히 우리 크리스천들이 어떤 태도로 일터 환경에 뛰어들어야 하는지 잘 정리하고 있다. 케이프타운선언문은 크리스천의 노동과 일터에 대해 선교적으로 해석하며, 성도들의 일터가 선교의 좋은 기회요 사역의 장이 된다는 점을 강조한다.

A-3. 진리 그리고 일터[8]
성경이 보여 주는 인간의 노동에 관한 하나님의 진리는 노동이 창조 세계에 나타난 하나님의 선하신 목적의 일부라는 것이다. 성경은 우리가 각기 다른 소명 가운데 하나님을 섬기고 있으며 우리의 노동하는 삶 전체가 사역의 영역에 속하는 것으로 여긴다.
일터는 성인 그리스도인들이 비그리스도인들과 대부분의 관계를 맺고 살아가는 곳으로서 복음 전도와 변혁을 위한 거대한 기회를 제공

---

8) Lausanne Movement, 케이프타운 서약, 70~72.

하는 곳(이다) … 우리는 모든 신자에게, 하나님이 일하도록 부르신 곳이면 어디든 그곳이 바로 일상의 사역과 선교를 수행하는 장소임을 받아들이며 확신하라고 권면한다.

종종 그리스도인들은 다양한 기술과 무역과 사업과 직업을 통해 전통적인 교회 개척자들과 복음 전도자들이 갈 수 없는 곳들로 갈 수 있다. 이러한 '텐트메이커들'과 사업가들의 일터 사역은 지역 교회 사역의 한 영역으로서 그 가치를 인정받아야 한다.

실제 비즈니스 상황은 미신자들과 꾸준한 일상적 관계를 맺게 하며 일터에서 복음을 꾸준히 삶으로 보여 줄 기회를 제공한다. 크리스천은 일터에의 불신자에게 소금과 빛이 된다. 그들 앞에서 일상을 살아가며 말과 행실로 복음을 드러내고, 그 과정에서 하나님은 거룩히 여김을 받으실 것이다. 그런 면에서 선교지 비즈니스 상황은 제자도(Discipleship)와 청지기 정신(Stewardship)을 실천할 좋은 기회이다. 사업가들은 선교적 비즈니스를 전개하는 가운데 해당 국가의 지역 사회의 평안과 참된 공동체 형성에 기여할 수 있고, 현지 지역 교회 목회와 선교 활동을 도울 수 있다.

특히 글로벌 사회가 되고 해외 이동이 더욱 용이해짐에 따라 크리스천은 비즈니스를 가지고 어디든 갈 수 있고, 유망한 비즈니스라면 복음에 적대적이거나 폐쇄적인 나라와 민족들에서 환영받을 수 있으며 현지인들에게 선한 영향력을 끼칠 수 있는 기회를 얻을 수 있다. 빈곤과 결핍, 불의와 왜곡, 폭력과 파괴가 있는 상황과 환경에서 비즈 니스로 일자리를 창출하여 현지인 미신자들을 고용하고, 이를 통해 이들의 존엄함을 회복시킬 수 있으며, 하나님의 사랑 안에서 그들과 동등한 관계를 맺고, 그들의 일상을 회복시키고 자립시키는 데에 다 양한 역할을 할 수 있다.

Chapter 5

복음을 아는 자:

포용의 성품으로 승부하다

기적이라고 여기는 일이 일상 속에서 종종 벌어진다. 눈앞에 짠!!! 하고 화려하고 짜릿한 상황이 벌어진다는 것이 아니라 나 자신의 변화와 성장을 느낄 때이다. 이기적이고, 자기 의가 강하며, 인내심도 없고, 배려도 없고, 남을 용서할 줄 모르는 내가 한순간 어떤 상황에서 너그러워지고 유순해 졌다면 이것이 기적이 아니고 무엇이겠는가.

하루는 시내버스를 타고 출근하는데 뒷자리가 비어 있어 냉큼 자리를 잡았다. 몇 정거장 가다 보니 앞문으로 중년 여성이 탑승하는 것이 보였다. 그녀는 내 옆자리에 앉았고, 이윽고 중얼중얼 이상한 말을 하기 시작한다. 욕과 저주였다. 그 말이 듣기 불편했는지 주변의 탑승객들도 자리를 피하고 있었다. 다시 귀 기울여 들어 보니 그 욕과 저주가 나를 향하고 있었다. 한 번

복음, 시장 한복판에 서다

도 만난 적 없는 내게 이처럼 험한 말들을 쏟아 놓는다는 것이 실감이 나지 않았다.

처음엔 당황스러웠지만, 분노가 아닌 마음 속 깊은 곳에서 이 분을 위한 기도가 나오기 시작했다. '주님, 마음이 아픈가 봅니다. 이분을 치유해 주세요.' 그리고는 목적지에서 내리려는데, 더 큰소리로 욕설을 퍼부었다. 그런데도 이상하리만치 화가 나기보다 이해와 긍휼의 마음이 가득했다. 다소 신기할 정도였다.

하루는 스타트업 행사에 내빈 자격으로 참석했다. 무대 진행자가 무슨 억하심정인지 참석자들 앞에서 내 사역에 대해 폄하고 빈정대는 투로 말했다. 청중에게 재미를 주려는지 몰라도 팩트도 아닌 것을 가지고 터무니없이 이야기하고 있었다. 그뿐이 아니었다. 전체 모임을 마친 후에 참석자들이 삼삼오오 모여 교제하는 시간에도 나를 졸졸 따라다니며 모임마다 분위기를 싸늘하게 만들었다. 그러다 보니 충동적으로 화를 쏟아낼 만도 한데 차분해지고 있었다.

그 순간에 '괜찮아. 너는 나와 함께 일을 잘해 나가고 있잖니?' 하는 마음이 올라왔다. 마음이 평안해졌고, 행사 마지막까지 그를 웃으면서 대할 수 있었다. 주변 사람들도 '오늘따라 그분이 굉장히 이상하다' 하면서 내게 '차분하게 잘 대응했다'고 말해 주기도 했다. 소란스런 행사장 안에서도 성령께서 마음을 다스리고 또 중재하셨다고 믿는다.

버스에서 겪은 일이나 스타트업 행사에서처럼 비슷한 일들이 종종 벌어진다. 나를 자극하고 화가 나거나 낙심하게 만드는 일. 나로 하여금 감정에 몰입하게 만들어 공격적인 반응을 일으키게 하는 일. 예전이라면 바로 대응하면서 나의 분노를 드러냈을 것이다. 공격적인 방식으로 상대방이 자극받도록 말이다. 이제 그런 일은 거의 없다. 육의 반응이 나오기 전에 내 마음을 들여다볼 줄 알게 되었으니까. 내 안에 내주하며 중재하는 성령의 일, 이건 기적이라고 해야 한다. 나에게 이런 변화는 그야말로 기적이다.

사도 바울의 말세 이야기

시간이 가면 갈수록 세상의 악함은 더해 가고 상대적으로 일하시는 성령의 역사 또한 강력하게 드러남을 본다. 세상은 말세에 이를수록 점점 악해져 간다. 부의 규모가 커지고 과학 기술이 빠르게 발전하며, 대중문화가 휘황찬란한 것 그 이면을 유심히 보면 혼돈, 공허, 흑암과 관련한 비성경적인 이념, 철학, 원리 등을 확인할 수 있다. 사도 바울은 디모데후서 3장을 통해 말세에 일어날 일을 제시하고 있다.

[1] 너는 이것을 알라 말세에 고통하는 때가 이르러 [2] 사람들이 자기를 사랑하며 돈을 사랑하며 자랑하며 교만하며 비방하며

부모를 거역하며 감사하지 아니하며 거룩하지 아니하며 ³ 무정하며 원통함을 풀지 아니하며 모함하며 절제하지 못하며 사나우며 선한 것을 좋아하지 아니하며 ⁴ 배신하며 조급하며 자만하며 쾌락을 사랑하기를 하나님 사랑하는 것보다 더하며 ⁵ 경건의 모양은 있으나 경건의 능력은 부인하니 이같은 자들에게서 네가 돌아서라 _디모데후서 3:1~5

시간이 갈수록 세상은 우리 크리스천들이 바라는 모습과는 정반대로 나아갈 것이다. 당장 오늘 자 TV 뉴스를 틀어봐도 공감할 수 있을 것이다. 사회 면에 소개되는 사건-사고들을 볼 때 죄악의 종류와 형태가 점점 다양하고 잔인해지는 것을 확인할 수 있다. 한때 모성은 천성이라던 통념이 무색할 정도로 부모 자식 관계 역시 돈, 쾌락, 충동 앞에 쉬이 무너지는 모습이다. 가끔은 기독교인이라 불리는 이들조차도 이 대열에 합류하기도 한다.

정말이지, 지금 이 시대를 살아가는 이들이 밝고 순전하며 진취적이길 바라지만 실상 그렇지 못 함을 자주 본다. 인내와 절제가 사라져 가고 쉽게 분노하며, 사랑마저 왜곡되어져 감을 본다. 좀비 드라마나 영화들조차도 처음에는 징그러운 좀비들을 보여 주다가 극의 후반부에 가면 인간의 추함을 드러내는 데 집중한다. 좀비만도 못한 인간들의 행태를 꼬집는 것이 아닐까. 성경은 이런 비극적 성향이 앞으로 더욱 심해지고 깊어질 것이라고 전하고 있다.

육체의 일 vs 성령의 열매

사도 바울은 갈라디아서 후반부에서 성령과 하나님 나라를 함께 다루며 성령의 인도하심을 받는 사람들의 삶과 육체의 일에 속한 사람들의 삶을 대조하고 있다. 이러한 대조는 '하나님 나라를 유업으로 받을 것인가 그렇지 못할 것인가?'라는 질문에 연결된다.

> [18] 너희가 만일 성령의 인도하시는 바가 되면 율법 아래에 있지 아니하리라 [19] 육체의 일은 분명하니 곧 음행과 더러운 것과 호색과 [20] 우상 숭배와 주술과 원수 맺는 것과 분쟁과 시기와 분냄과 당 짓는 것과 분열함과 이단과 [21] 투기와 술 취함과 방탕함과 또 그와 같은 것들이라 전에 너희에게 경계한 것 같이 경계하노니 이런 일을 하는 자들은 하나님의 나라를 유업으로 받지 못할 것이요 [22] 오직 성령의 열매는 사랑과 희락과 화평과 오래 참음과 자비와 양선과 충성과 [23] 온유와 절제니 이같은 것을 금지할 법이 없느니라 _갈라디아서 5:18~23

사도 바울은 갈라디아서를 읽는 교인들에게 육체의 일이 아닌 성령이 인도하시는 삶을 살라고 권면하고 양극단의 삶의 양

복음, 시장 한복판에 서다

식을 제시한다. 똑같이 예수에 대해 듣고 예배를 드리며 교회 공동체에 속해 있지만, 우리가 성령 안에 속해 있지 않다면 겉으로는 성도처럼 보일지라도 실상 그는 하나님의 나라를 유업으로 받지 못하는 자가 된다는 말씀이다. 한편 크리스천들은 악덕 목록의 '그 반대로만 살면 된다'는 교훈을 주기도 한다.

어떤 열매를 맺고 있는가?

두 말씀을 번갈아 묵상하노라면 이런 질문을 하게 된다. 이 시대를 살아가는 성도로서 어떤 삶을 살고 어떤 열매를 맺고 있는가? 진정 하나님 나라 백성다운 일상이요 열매인가? 나 역시 목사이기 이전에 한 명의 성도로서 성령이 아닌 육체에 속한 삶을 살고 있지 않은지 수시로 묻게 된다. 중요한 것은 하나님 나라는 우리 성품을 통해 드러난다는 사실이다.

정말로 시간이 가면 갈수록 그래서 역사의 종말이 다가오면 다가올수록 시대 흐름과 방향을 명확히 분별해야 할 것이다. 갈수록 휘황찬란해 보이고 갈수록 풍요로워 보이나 세상 곳곳은 날로 악해지고 사람들 역시 날로 악한 본성에 충실한 삶을 살고 있다. 따라서 우리 스스로 하나님이 요구하시는 거룩함과 멀어지지 않는지 수시로 확인해야 한다. 교회 공동체 역시 성도들의 성품이 성령의 열매에 합당한지를 들여다봐야 한다. 삶 가운데 분쟁과 시기, 분노, 당 짓기, 분열, 술 취함, 방탕함 등이 가득한지, 아니면 진정 사랑과 희락과 화평과 오래 참음과 자비와 양선과 충성과 온유와 절제 등의 미덕으로 가득한지 말이다.

앞서 한 사람의 변화와 성장이 기적이라 했는데, 정말로 나를 비롯한 주변의 신실한 크리스천들처럼 속사람의 변화를 경험한 사람들이 얼마나 될까? 시간이 가면 갈수록 줄어들 것 같은 슬픈 예감이 있다. 내면을 통해 말씀하시는 성령에 귀 기울이고 이에 자신의 육을 꺾고 복종시켜 하나님의 의를 이뤄 내는 모습들이 희귀해지지 않을까. 무엇보다 내면보다는 외모가 더 중요하고, 무엇보다 성령의 일보다 육의 일이 중요해지고 있지 않는가.

n번방 사건 성찰

하나의 사건을 떠올려 보자. 이른바 'n번방 사건'의 가해자 청년이 구속 수감되면서 언론에 했던 말을 주목했다. 범죄자인 그는 '멈출 수 없었던 악마의 삶을 멈추게 해 주셔서 정말 감사하다'라고 했다. 널리 알려진 사건의 전모를 새삼 기술하진 않겠으나, 가해자의 한마디는 또래 지금 이 시대 청년 세대의 윤리성에 대해 다시 생각하게 했다. 최소한의 윤리 도덕 기준선이 무너져 버렸고, 분별이나 절제가 희미해지다 못해 아예 사라질 수 있겠다는 반증으로 보였다.

복음, 시장 한복판에 서다

지금의 40대들만 해도 전통 사회의 문법에 맞춰 성장해서 그런지 신자건 미신자이건 '양심'이라는 단어가 통용되고, 이 사회를 하나의 '공동체'로 여기며 일정한 매너와 상식에 따라 살고자 하는 삶의 양식이나 책임감이 있다. 암묵적으로나마 사회 구성원 다수가 동의하는 도덕적 기준이 있기에 일정 수준 이상 비윤리적 언행을 접하면 무형의 경보음을 감지하고, 그런 언행을 조명하고 판단하며 성찰하는 매커니즘이 작동하기 마련이다. 그들이 성장하는 과정에서 당시 기독교 문화와 윤리의 존재가 세상 속에서도 적지 않게 작용해서 그럴 수도 있다.

지금은 어떠한가? 과연 지금의 청년 세대에게 윤리적인 기준이 있다 할 수 있나? 미리 말하지만 청년 세대를 일방적으로 판단하려는 게 아니다. 이미 우리 주변에 너무나도 훌륭한 청년들도 많음을 잘 알고 있다. 다만 시대와 세대의 조류와 영향력이 얼마나 강력한지를 강조하고 싶을 뿐이다. 포스트모던 세대라 일컫는 지금의 젊은 세대는, 전체적으로 기존의 질서와 가치, 절대적인 권위 등을 해체하는 방향으로 움직이고 있다. 동시에, 각자 자신이 가진 가치를 존중 받으며 자신이 정답이 되는 세대 성향을 가지고 있다.

n번방 사건의 경우, 이는 윤리-도덕적 기준이 전혀 없는 한 사람이 그저 자신의 충동과 유익에 충실하게 행동할 때 벌어지는 일이라 할 수 있다. 믿는 이들이야 신앙생활을 하는 가운데 '해야 할 것'과 '하지 말아야 할 것'에 대해 배우고 성찰하며 살

겠지만, n번방 가해자 청년을 비롯한 지금 이 시대 젊은 세대의 경우 인내와 절제, 분별과 성찰 같은 것을 어딘가에서 듣기도 습득하기도 어려운 것이 현실이다. 그런 면에서 보자면, 이런 사건들은 향후 우리 사회에 안에서 계속해서 일어날 듯하고 여러 가지 병폐를 만들 것으로 예상된다.

이제 우리는 우리 아이들이 세상 어디에서 올바른 가치의 기준을 배우고 있는지에 관해 예리하게 질문하며 이들의 삶을 정교하게 들여다 봐야 한다. 그렇게 보자면, 우리 자녀들을 양육할 때 그저 "말씀 읽어라", "기도했니?" 정도 강조해서 될 일이 아니라 아이들 스스로 '자기 마음', '자기 생각', '자기 양심'으로 살아 내도록 양육해야 할 것이다. 아이들 스스로 말씀 앞에 서도록 그래서 말씀을 기준점 삼아 자기 삶을 꾸준히 성찰하며 계속해서 바꿔 나가도록 이끌어야 한다. 예민한 양심과 날카로운 기준선을 가진 자로서 신앙의 선배된 우리, 부모된 우리의 할 일은 무엇인가.

평화의 기도를 떠올리다

세상은 온통 갈등과 분열, 다툼이 깊어져 가고 있다. 사람과 사람, 지역과 지역, 종교와 종교, 민족과 민족, 나라와 나라 등. 이러한 갈등과 분열, 다툼을 보고 있노라면 어린 시절부터 참 많이 불렀던 찬양이 떠오른다. '평화의 기도(Prayer for Peace)'이

복음, 시장 한복판에 서다

다. 성 프란치스코가 쓴 기도문(Prayer of Saint Francis)을 바탕으로
하고 있다. 중고등부 시절, 대학 시절, 그리고 어른이 되어서도
일 년에 한두 번씩 이 찬양을 불러 왔다.

최근 분쟁과 평화에 관한 학술 연구를 진행하려 중동 분쟁
지역을 탐방한 적이 있는데, 학술 연구 팀원들이 이스라엘을
둘러싸고 팔레스타인, 레바논, 요르단 등 긴장 속에 대치하고
있는 그 분쟁 지역 한복판에서 이 찬양을 불렀던 기억이 있다.
평화의 기도 전문을 소개한다.

주님, 저를 당신의 도구로 써 주소서.

미움이 있는 곳에 사랑을
다툼이 있는 곳에 용서를
분열이 있는 곳에 일치를
의혹이 있는 곳에 신앙을
그릇됨이 있는 곳에 진리를
절망이 있는 곳에 희망을
어두움에 빛을, 슬픔이 있는 곳에 기쁨을
가져오는 자 되게 하소서.

위로받기보다는 위로하고
이해받기보다는 이해하며

사랑받기보다는 사랑하게 하여 주소서.

우리는 줌으로써 받고
용서함으로써 용서받으며
자기를 버리고 죽음으로써
영생을 얻기 때문입니다.

　기도 문장들이 여전히 은혜롭지만, 나이 들면 들수록 자꾸 내 삶 한구석을 아프게 찌르는 것은 왜일까? 어린 시절에는 사랑, 용서, 일치, 신앙, 진리, 희망, 빛, 기쁨, 위로, 이해, 사랑 등 긍정적이면서 궁극적인 가치에 마음이 움직였다면, 어른이 된 지금은 미움, 다툼, 분열, 의혹, 그릇됨, 절망, 어두움, 슬픔 등 삶에 만연한 부정적인 면들이 더 깊숙하게 다가오기 때문이 아닐까? 예수 그리스도가 정답인 것은 잘 알지만, 개개인은 물론 가정과 일터, 지역 사회와 이웃, 나라와 민족 등 켜켜이 안타깝고 아쉬운 상황은 어느 하나 만만치 않다. 결국 회복의 청지기요 변혁의 리더로서 부름받은 크리스천에게 주어진 도전이자 과제이다.

하나님의 관심, 하나 됨

　하나님 아버지께서는 그분의 권위와 통치 아래 사람과 사람, 그리고 창조 세계가 하나가 되는 일에 관심이 많으시다. 지역 교회에서 각종 분쟁과 다툼이 날 때마다 그리고 성도들이 좌와 우로 쪼개져 대치하며 서로 비난할 때마다 마음이 아프시다. 우리는 하나님의 자녀들인데 어떻게 서로 죽일 듯이 싸울 수 있단 말인가. 이처럼 서로 비난하고 저주하는 자녀의 모습을 바라보는 아버지의 심정은 어떠실까?

서로 갈등하고 차별하고 배제하는 장면들을 볼 때마다 "하늘에 있는 것이나 땅에 있는 것이 다 그리스도 안에서 통일되게 하려 하심이라"라는 에베소서 1장 10절 말씀이 내게 혼돈의 나침반이 되어 준다. 이 말씀에서 '통일'은 한반도 통일을 넘어 온 열방, 온 만물의 통일이다. NIV 성경엔 "all things in heaven and on earth together under one head, even Christ"라고 되어 있다. 이는 하나님의 세상을 향한 계획이자 경륜, 바람이자 소망이다. 하나님의 자녀, 하나님의 백성, 제자나 사역자라면 평생 품고 애써야 할 지향점이 아닐까. 복음을 아는 자인 우리는 다르게 살아야 한다.

교회 안에 숨은 차별과 배제

2013년 즈음 내 주변에 탈북민들이 모이기 시작했다. 불특정 다수가 아니라, 남한 시장에서 창업하려는 탈북민 청년들이었다. 2010년 이후, 지역 교회 목회 현장을 벗어나 비즈니스 현장에서 고군분투하다 보니 '창업에 도움을 줄 수 있는 목사'라고 읽혀졌던 듯하다. 탈북민 사역자들과 탈북민 대안학교 교사들로부터 "탈북 청년 ○○의 창업을 도와주세요" 하는 부탁을 받게 되었고, 실제로 약 5년 여 동안 20여 개 팀을 창업시키기도 했다.

수년에 걸친 탈북민 청년들과의 만남은 '진정 통일은 무엇인가?'에 관해 생각하게 했다. 지역 교회로부터 생계와 자립에 관한 도움을 받으면서, 교회 성도로서 신앙생활을 해야 하는 탈북민 청년들에게 그 과정은 만만치 않았다. 이런저런 아쉬운 일을 겪어야 했다. 지역 교회 가운데 탈북민을 건강하게 잘 섬기는 교회도 많다는데, 내가 만난 탈북민 청년들은 유난히 그런 교회를 만나지 못해 방황하고 있었다. 청년들 입장은 그저 보통의 성도로서 신앙생활을 하려 했지만, 정작 교회 선교부와 성도 리더들로 인해 차별과 배제를 겪었다고 했다.

한 탈북민 자매의 경우, 같은 시기에 신앙생활을 시작한 남한 자매는 집사와 권사 임직을 받았으나, 그녀는 임직 과정에서 제외되거나 번번이 미뤄지는 일이 이어졌다. 물론, 본인에게 결격 사유가 있을 수 있겠으나, 여러 탈북민 형제자매들이 유사하게 겪는 것을 보면 교회들의 차별 어린 시선과 맞물려 있지 않았을까 싶다.

탈북 청년들의 아쉬움은 늘 남한 교회 성도들의 태도에 있다. 탈북민 성도를 대하는 태도에는 은밀하게 '주는 자의 태도',

'가진 자의 태도'가 장착되어 있다는 이야기이다. 말로는 형제자매라 해 놓고 마치 기득권을 가진 자로서 아래를 내려다보는 듯이 대했다는 것을 알 수 있다. 겉으로는 우리 모두 하나님의 자녀라고 하면서 탈북민 청년들을 대하는 태도는 전혀 그렇지 않았다. '도움을 받아야 할 불쌍한 사람'으로 대했고, 그 과정에서 일종의 수치심을 느끼게 했다. 이런 일이 교회 밖에서 일어났다면 '그런가 보다', '그럴 수도 있지' 했을 텐데, 교회에서 겪었다면 실망감이 더 컸을 것이다.

우리가 남북한의 하나됨을 위해 목소리 높여 기도하고 지역 교회마다 북한 선교 부서를 만들어 모종의 활동을 한다고 하지만, 정작 '먼저 온 통일'이라 불리는 탈북민 청년들을 올바로 대하지 못한다면 과연 어떤 통일을 바라고 있는지 질문해야 할 것이다.

진정 통일이 무엇인가? 남북한 통일의 때야 우리 소관이 아니라 해도 통일의 실상은 에베소서 1장 10절의 말씀에서도 알 수 있듯이 사람과 사람의 만남이며 사람과 사람의 연합인데 과연 우리는 얼마나 하나됨에 애를 쓰고 있는가. 통일을 굳이 남북한의 통일로 국한시키지 않더라도 에베소서에서 그랬듯이 '아버지의 뜻 안에 실현되는 온 열방 온 만물의 통일' 측면에서도 위의 질문은 동일하게 유효하다.

우리의 교회사를 보면 이미 복음 안에서 진정한 통일을 살아 낸 이들이 있다. 사람과 사람, 계급과 계급, 인종과 인종, 민족과 민족, 국가와 국가 사이에 존재하는 온갖 차별과 배제, 다툼과 반목, 착취와 폭력, 분쟁과 대립 속에서 크리스천으로서 복음의 가치를 살며 나라와 민족, 지역 사회와 이웃을 변화시킨 이야기가 있다. 초대교회사, 세계 교회사, 그리고 한국 교회사 속에 그런 이야기들이 담겨 있다.

사도 바울에게 십자가 복음은 유대인과 이방인을 하나로 연합시키는 근거요 능력이었다. 에베소서 2장 13~18절에서 "이제는 전에 멀리 있던 너희가 그리스도 예수 안에서 그리스도의 피로 가까워졌느니라 그는 우리의 화평이신지라 둘로 하나를 만드사 원수 된 것 곧 중간에 막힌 담을 자기 육체로 허시고"라고 했고, "우리 둘이 한 성령 안에서 아버지께 나아감을 얻게 하려 하심이라"라고 했다. 서로 이질적인 인종, 민족, 국가의 논리를 두고 그리스도 안에서 하나 되었음을 선언한다. 나아가 에베소서 5~6장과 골로새서 3~4장에서는 남편과 아내, 부모와 자녀, 상전과 종 등 기존의 여러 관계들이 복음 안에서 전혀 새로운 질서로 재편되었음을 선언한다.

바울이 빌레몬에게 쓴 편지 중 하나인 빌레몬서 16절 역시 같은 맥락에서 볼 수 있다. "이 후로는 종과 같이 대하지 아니하고 종 이상으로 곧 사랑 받는 형제로 둘 자라 내게 특별히 그러하거든 하물며 육신과 주 안에서 상관된 네게랴" 오네시모가 종의 신분인 것은 세상이 다 아는 사실이고 이는 당장 변할 수 없는 사실이지만, 복음을 아는 상전이라면 이제 복음의 새로운 질서 안에서 그 종을 다르게 대해야 함을 말하고 있다.

어떤 신학자는 바울을 두고 "그는 노예제도 철폐에 관심이 없었다"라고 말하지만 나는 그만의 방식으로 노예제도를 바꿔 나가고 있다고 믿는다. 만약 하나님께서 그에게 "로마 시민들을 결집시키고 로마 황제가 보는 앞에서 강력하게 투쟁하라", "그리고 장렬히 순교하라"라고 하셨다면 기꺼이 그렇게 했겠지만, 하나님께서는 일상에서 작고 소소한 변화를 허락하신 듯하다. 비록 이런 방식이 세상 권력자의 눈에 보이지 않고 한 번에 수많은 대중을 모으고 선동할 힘을 갖지 않았지만, 마치 하나님 나라의 확산 방식처럼 한 사람 또 한 사람의 라이프 스타일에 미치는 그 생명력은 길고 파급력도 컸으리라. 바울 서신이 지금까지 우리 삶을 바꾸고 있는 것처럼 말이다.

윌버포스가 살아 낸 하나 됨

윌리엄 윌버포스(William Wilberforce)는 영국의 정치인으로 노예제 폐지 운동을 이끈 대표 인물이다. 할아버지와 아버지 모두 비즈니스로 성공했으며 모두 기독교인이었음에도 노예제도를 포함한 당대의 사회 경제 체제는 이들에게 어떠한 가책이나 도전이 되진 못했다. 실제 윌리엄 윌버포스는 대학 시절에 카드놀이, 술자리 등 사교 모임에 몰두했고, 1780년 21세의 나이로 하원의원에 당선된다. 25세가 되는 1784년 그는 비로소 복음을 제대로 접하면서 그의 삶이 완전히 변화된다.

윌버포스는 노예제도가 기독교 신앙에 위배된다고 믿었고, 크리스천 영국 하원의원으로서 노예제도 폐지를 사명이자 의무로 여겼다. 정계 활동하는 내내 노예무역 폐지 법안을 구성하였고, 1787년에 의회에 첫 법안을 제출하였으나 부결되었다. 이는 영국 의회의 동료 의원은 물론, 당대 주류 인사 및 기득권 세력의 격렬한 저항을 초래하는데 당시 왕족, 귀족, 농장주, 무역상 등 이해관계가 복잡하게 얽혀 있었기 때문이었다. 그로 인해 온갖 중상모략을 겪음은 물론이고 두 차례나 암살 위기를 넘기기도 했다.

동료 의원들의 노력과 지지에 따라 1807년 마침내 노예무역을 금지하는 법안이 의회에서 통과되었다. 20여 년 윌버포스가 투쟁한 결과였다. 계속해서 영국 내 노예들을 모두 해방하기 위한 노예제도 완전 폐지 운동을 벌였고, 1833년 영국 의회는 '대영제국의 모든 노예들을 1년 안에 해방시킨다'는 법안을 통과시킨다. 병상에 있던 윌버포스는 이 소식을 들은 지 사흘 만에 세상을 떠난다.

윌버포스는 생전에 노예제도 폐지 외에 교도소 개혁, 교육

개혁, 공장 노동자를 위한 근로 조건 개선 등 다양한 사회 문제에 관심을 기울였다. 의회 내 양심적 정치인을 결집시키고, 뇌물로 유권자를 매수하던 정치 관행을 솔선해서 거부했다.

윌리엄 윌버포스의 생애와 업적은 단순히 '흥청망청 살아가던 전도유망한 청년이 예수를 믿은 뒤 정치인으로서 기독교 신앙에 위배되는 세상의 악법을 고쳤더라' 정도로 요약될 이야기가 아니다. 보다 근본적으로 복음의 힘은 과연 어디까지인가를 생각하게 만든다. 예수의 복음이 한 인생에 제대로 담길 때 그 사람의 모든 일상이 바뀔 뿐 아니라 사회 커리어까지 바꾸고 그 커리어를 이용해 세상에 복음의 가치가 뻗어 나가게 한다. 복음에는 그런 엄청난 능력이 있다. 복음은 힘이 세다.

양반과 머슴이 살아 낸 하나 됨

한국 교회사에 '사람과 사람의 하나 됨'을 보여 준 복음 이야기가 있다. 조덕삼은 전북 김제 지역의 거부였는데 마침 전라도 지역에서 선교 사역을 하던 미국 선교사 최의덕(Tate L. B.)에 의해 복음을 받아들이고 신앙생활을 시작한다. 그리고 머슴 이자익을 전도한다. 이자익은 17살부터 머슴살이를 하다가 조덕삼의 선처로 결혼하고, 이제 함께 교회 생활을 시작하게 되었다. 1905년에 최의덕 선교사가 전주와 김제 경계 부근에 금산교회를 세우면서, 두 사람은 1905년에 함께 세례를 받고 함께

집사가 되고 영수가 된다.

그리고 2년이 지나 금산교회에서 꽤 낯선 사건이 벌어진다. 장로 선거가 있었는데, 김제 최고의 갑부이며 교회 땅을 헌물하기도 했고, 당시 교회 재정의 대부분을 감당하던 조덕삼이 장로 후보에 오르고, 마산 출신 외지인으로 조덕삼의 소작농으로 살아가던 이자익 역시 장로 후보에 오른다. 그는 조덕삼보다 15살 어린 26세였다.

이 둘이 장로 후보에 나서자, 누가 보더라도 조덕삼이 장로가 되리라 예상했지만 뜻밖에 이자익이 선출되었다. 부와 신분을 뛰어넘은 의외의 결과였다. 조덕삼은 교인들 앞에서 이자익 영수를 칭찬한 뒤 투표 결과를 겸허히 받아들이고 하나님의 뜻 가운데 "이자익 장로를 잘 받들고 더욱 교회를 잘 섬기겠다"라고 말한다.

조덕삼은 1909년에 장로가 되어서도 지속적으로 이자익 장로를 지지하고 후원하였다. 1910년 이자익 장로가 평양신학교에 입학하여 공부할 수 있도록 모든 학자금과 생활비 일체를 후원하기도 했고, 훗날 이자익 목사를 금산교회 담임목사로 청빙한 것도 조덕삼 장로였다. 복음의 힘을 보여 주는 이 엄청난 이야기야말로 예수 안에서는 양반과 천민의 구별이 없다는 것을 잘 보여 주고 있다. 한국 교회사에는 지주와 머슴뿐만 아니라 여성 차별을 극복한 이야기도 전해진다. 복음으로 인한 변혁은 이토록 실제적이다.

그리스도같이 너희도 서로 받으라

복음은 서로서로 사랑하고 인내하며 포용하게 한다. 하나님의 의로우심 앞에 '내가 먼저요', '내가 당신보다 잘났소'라고 할 수 없다. 우리는 모두 예수 그리스도의 십자가 은혜를 입은 자로서 살아가야 하고, 은혜 입은 자들이 더불어 살아간다면 사랑과 인내와 포용의 관계성이 작동해야 한다. 물론 한 사람 한 사람의 생애사는 나름의 관점, 관심사, 이익, 사정 등을 포괄하고 있기에 서로 간에 충돌이 있고 갈등이 일어날 수 있다. 다만… 우리 중 누구도 실수할 수 있고 잘못된 선택을 할 수 있음을 인정해야 한다. 우리를 변화시키시는 하나님을 기대하고 소망해야 한다. 그런 면에서, 앞서 에베소서 1장 10절에서 살펴봤듯이 아버지 하나님의 자녀로서 만물의 통일을 추구하는 그분의 뜻 앞에서 자신을 낮추며 서로 긍휼히 여기며 용납하기를 멈추지 말아야 한다.

사도 바울은 로마서 서신을 마무리하며 당시 로마교회에서 서로 으르렁대며 다투던 두 분파에게 안타까운 마음을 담아 권면한다. 로마서 15장 5~7절 말씀이다. "이제 인내와 위로의 하나님이 너희로 그리스도 예수를 본받아 서로 뜻이 같게 하여 주사 한마음과 한 입으로 하나님 곧 주 예수 그리스도의 아버지께 영광을 돌리게 하려 하노라 그러므로 그리스도께서 우리를 받아 하나님께 영광을 돌리심과 같이 너희도 서로 받으라"

유대교 전통이 중요하다며 관습에 목숨 거는 사람들과 그리스도 안에서 자유해졌으므로 더 이상 그런 것은 중요하지 않다는 사람들이 한 교회 안에서 충돌할 때 사도 바울은 "너희도 서로 받으라"라고 외쳤다.

이는 굳이 교회에서 신앙생활을 하는 이들의 문제만이 아니다. 하나님 아버지 품 안에서 각기 다른 지역 다른 나라 형제자매들의 다름으로 인한 수많은 이슈 역시 비슷한 관점에서 다룰 수 있다. 각자의 주장이 하늘과 땅 차이만큼 다를지라도 이 차이가 하나님이 허락하신 관계를 통째로 깨어 버릴 만큼 중요하지 않다. 실제로, 한 교회 안에서 양쪽으로 편을 가른 채 죽일 듯이 싸우는 모습을 보노라면 복음의 능력이 이것밖에 안 되나 싶다. 하나님 앞에서 나란히 서서 서로의 세계관을 경청하는 과정을 가진다면 제3의 길을 모색할 수 있지 않겠는가. 이것이 복음을 아는 자들의 어른스러움이 아닐까.

정말이지 시대와 세대를 넘어 기독교 역사에서 복음은 사람과 사람을 화해시키고, 계층과 계층을 통합시키며, 민족과 민족을 중재시켰다. 사도 바울의 복음, 윌리엄 윌버포스의 복음, 조덕삼과 이자익의 복음이 그랬다. 이러한 사랑과 인내와 포용은 성령에 의해 초월적으로 되어지기도 하지만 우리가 늘 깨어 근신하며 애써야 할 일이다. 충동, 탐욕, 분노, 다툼, 분열에 사로잡혀 살아간다면 하나님이 우리에게 허락하신 '성도의 복'을 누릴 수 없다.

다원화 시대, 다원화 사회를 살아가는 이때, 우리와 함께하는 타자에 대한 크리스천의 태도는 한국 교회 선교에서 매우 중요하다. 그러나 타자와의 관계를 둘러싸고 우리 사회 곳곳에서 갈등과 다툼의 현장들을 심심찮게 목격하고 있다.

장애인 시설이 애써 학교와 재활 부지를 마련해 놓으면 주민들이 피켓 시위를 한다. 장애인 시설이 들어오면 집값 땅값이 떨어진다는 것이 그들의 논리다. 이미 법과 제도적으로 통과된 이슈들이 이러한 정서적, 문화적 반대에 부딪혀 무산되기도 하고, 장애 아이들이 터무니없이 먼 곳까지 통학해야 하는 슬픈 현실에 맞닥뜨린다. 탈북 청소년 대안학교 역시 같은 문제로 특정 지역에 안정적으로 자리 잡지 못한 채 지역 사회와 이웃 사이를 유리하며 어려움을 겪는다.

초등학교 교실도 마찬가지다. 왕따와 학교 폭력도 심각한 일이지만, 같은 반 친구를 상대로 '이백충/삼백충'(부모 소득이 월 200만 원인 아이, 300만 원인 아이), '전거지/월거지'(전셋집에 사는 아이, 월셋집에 사는 아이), '빌라충'(빌라에 사는 아이)라고 놀리며 벌써 부모의 소득과 가구 유형에 따라 편가르기 하거나 따돌리는 태도를 보인다. 아이들이 자본의 논리에 찌든 현실도 가슴 아프지만 이런 식으로 성장한다면 어떤 삶을 살아갈지 우려된다. 타자에 대한 건강한 관계성을 배우지 못한 채 다음 세대들이 자라고 있다.

차별적이고 배타적인 태도를 논할 때 크리스천이라고 예외일까. 비즈니스 선교 영역에 있다 보니 외국인 피고용인을 착취하고 학대하는 기독교인 회사 대표를 마주한 적이 있다. 겉으로는 교회 봉사도 열심히 하고 헌금도 많이 내는 모범적인 크리스천이지만 실상 월요일부터 토요일까지 일터 현장의 그는 고용주로서 피고용인을 무례하게 대하고 기본 이하의 대우를 하고 있었다. 그에게 질문하고 싶다. "당신에게 복음은 대체 무엇입니까?"

이주민 사역하는 지인에게 들은 이야기이다. 지역 교회가 이주민 예배 공동체에게 교회 공간을 오픈하게 되어 중동인, 중앙아시아인, 동남아인 등 이주민 크리스천들이 예배를 드려 왔다. 하루는 교회 식당의 식기를 사용하고 있는데 교회 부교역자가 와서는 이주민 부서 사역자에게 "성가대원들이 쓰는 식기를 왜 가져다 쓰느냐?"면서 노발대발했다. 며칠이 지나 부교역자가 부드러운 표정으로 한마디 했다. "그 식기 그냥 쓰십시오." 어찌 된 영문이냐고 묻자 "저희 성가대원들을 위한 식기를 새로 구입했습니다"라고 하는 것이 아닌가. 참으로 가슴 아픈 현실이었다. 한 교회 공간에서 서로 그리스도인이라고 하면서 나뉘고 나누는 모습이다. 우리가 몸 담은 교회 공동체는 어떠한지 돌아보면 좋겠다.

에베소서 2장 14절에 명확히 선언되어 있듯이, 예수님은 담을 허무신 분이다. 담을 허무신 그분은 우리 제자들에게 담을

허물고 경계를 넘으라고 하신다. '화평의 사람, 화평케 하는 자'
로 살라 하신다. 하나님과 우리가 서로 원수 되었을 때 그 아들
의 죽으심으로 말미암아 서로 화목하게 하셨던 것처럼(롬 5:10),
그런 삶을 살라고 하신다.

장애인과 비장애인, 함께 일하다

앞서 1장 후반부에 소개한 〈히즈빈스〉 이야기를 좀 더 나누
려 한다. 히즈빈스 매장들을 들여다보면 한 일터에서 장애인과
비장애인이 서로를 어려워하지 않고 가족이 되어 살아가는 모
습을 확인할 수 있다. 히즈빈스만의 남다른 철학이 작동하기
때문이다.

히즈빈스에서 함께 일할 때 지키는 7가지 원칙

1. 우리는 모든 장애인들과 함께 행복하게 일하는 세상을
   꿈꿉니다.
2. 우리는 함께 기도로 일을 시작하고 기도로 일을 마칩니다.
3. 우리는 직원들의 강점을 발견하고 진심으로 서로 사랑합
   니다.
4. 우리는 일하는 동안 나와 동료의 행복한 성장을 우선으
   로 여깁니다.
5. 우리는 어떤 어려움에 부딪히더라도 적극적으로 소통하

며 함께 방법을 찾습니다.

6. 우리는 (장애인)선생님들의 지지자와 함께 소통하며 안정된 직업 유지를 위해 노력합니다.

7. 우리는 역량강화를 위해 지속적으로 공부하며 도전합니다.

임정택 대표는 이렇게 덧붙인다.[9] "장애인과 비장애인이 한 공간에서 함께 일하다 보면 오히려 장애인 선생님들이 비장애인들에게 엄청난 영향력을 주는 것을 봅니다. 비장애인들이 장애인 선생님들을 통해서 감동 받고 되려 이곳에서 반성하기도 하고 힘을 얻습니다. 함께 함의 가치를 추구하며 직접 경험하는 것이 저희 비즈니스의 중요한 부분입니다."

참으로 아름다운 일터다. 이것이 바로 하나님이 꿈꾸신 통일(엡 1:10)이요 사도 바울이 추구했던 하나 됨 아닐까. 나아가 크리스천들이 시장 한복판에 선다면 '이런 남다름'이 있어야 하지 않을까 생각하게 된다.

다원화 사회 속 우리의 선교

우리 사회에 부쩍 늘어난 이슬람교 신자 숫자와 더불어 특

---

9) IBA 공저, "BAM: 비즈니스 세계에서 복음을 살다", 서울: 맑은 나루 (2021), p. 85

정 지역에 이슬람 거주자가 늘어나는 관련 뉴스를 보고 있다. 이주민 인구가 이미 250만 명이 넘는 이때 세상은 해외에서 온 이들과 어떻게 하면 함께 잘 어울려 살까 고민하고 있는데 상대적으로 한국 교회는 이런 고민을 하는 이들이 많지 않다. 아니, 어울려 살아감을 고민하기보다 막연한 두려움과 '카더라' 정보에 따라 나그네들을 밀어내고 있다. 세계 기독교는 타 종교인들의 좋은 이웃이 되길 권면하고 사랑과 선의와 환대의 미덕을 강조하고 있는데, 퇴행하고 있는 우리의 자리를 점검하고 돌아볼 필요가 있다.

이는 사찰 불상 옆에서 기타 치며 찬양하고 방언 기도하는 것을 뭐라는 게 아니다. 이슬람 사원이 들어설 땅에서 건축이 이루어지지 못하도록 몸싸움하는 것을 뭐라는 게 아니다. 하나님의 선교를 풀어 가는 데 더 좋은 방법이 있는지 찾는 고민을 해 보자는 이야기이다. 일방적으로 상대방을 적으로 규정하고, 막연한 두려움과 공포심을 확산시키며 무례한 행동을 하는 것 외에 다른 방법이 있는지 찾고자 하는 것이다.

무신론자들의 숫자 또한 크게 증가한 상태이다. 10대와 20대 상당수는 아예 어떠한 종교든 종교 자체에 관심이 없고, 이는 갈수록 심화될 조짐이다. 이 원인을 여기서 다 다룰 수 없을 만큼 복잡하고 다차원적이지만 중요한 질문은 "우리는 종교에 관심이 없는 이들 앞에서 크리스천으로서 어떤 삶을 보이며 살 것인가?"라는 것이다. 우리 안에 예수 그리스도를 향한 사랑과 헌신은 뜨겁고 열정적일지라도 복음을 전할 기회가 없다면 어떠할까? 바로 지금이 그 뜨거움을 쏟아 놓을 기회가 아닐까 한다. 교회 바깥에서 불특정 다수의 미신자들과 어울려 사는 우리들의 삶이 차분하고 상식적이면서 매너있고 이성적인 태도를 가지고 복음을 아는 자답게 살아가면 어떨까. 어쩌면 지금이 시대 나그네들에게는 긴 시간을 너그러운 마음으로 함께 보낼 줄 아는 '좋은 이웃'이 필요할 수도 있다.

70대 어르신, 무슬림 청년들 속으로

다원화 시대 속 크리스천의 일상을 생각할 때, 떠오르는 나의 어머니! 74세 어르신이자 지역 교회 권사인 어머니 주변에는 다양한 나라 이주민이 있다. 탈북민, 예멘 난민, 방글라데시인 사역자 부부, 카자흐스탄에서 온 유학생 등. 언제부터 어머니가 이처럼 이방인에게 개방적이었는지는 기억나지 않는다. 중요한 것 한 가지는 이주민 시대인 지금 한국 땅에 우뚝 서 있는 어머니를 통해 열방 선교가 일어나고 있다는 것이다.

예멘 난민 500여 명이 제주에 자리 잡게 된 2018년 봄, 전국적으로 예멘 난민들의 국내 이주에 대한 반대 목소리가 높았다. 이들 대부분이 무슬림 청년들이었는데, 유럽과 중동의 테러 사건을 통해 무슬림에 대해 막연한 공포심이 있던 터였다. 특히 무슬림의 국내 정착을 계기로 한국 교회가 부정적인 영향을 받지 않을까 걱정하는 일부 교회들이 무슬림의 입국과 정착을 강력히 반대하고 나섰다.

당시 60대 후반의 어머니 역시 무슬림의 존재에 대해 큰 부담을 느끼셨고 실제로 어머니는 이런 무슬림 난민의 유입으로 인해 한국 교회 선교가 위축하지 않을까 우려하시기도 했다. 그러던 어머니가 어느 날 선교사님 부부와 함께 예멘 난민 청년들을 돕겠다고 제주에서 한 달 반 동안 머물기로 결정하셨다. 오랫동안 예멘 현장을 섬겨 온 선교사님 부부가 사역지를 제주로 옮기면서 어머니께 동역을 요청하셨기 때문이다. 무슬림에 대해 부정적이었던 어머니가 뜻밖에 전혀 예상 밖의 결정을 하셨다. 적극적인 어머니를 두고, 아들인 내가 오히려 더 걱정을 했었다.

제주에서의 한 달 반, 어머니 안에 큰 변화가 일어났다. 직접 제주도에 내려가 예멘 청년들을 일일이 마주하면서 영어로 한글을 가르치고 밥을 사 먹이면서 그들의 정착을 도왔고, 틈틈이 무슬림 청년들에게 열정적으로 복음을 전하셨다. 감사한 것은, 선교사님 부부와 어머니의 섬김으로 여러 무슬림 청년들이 예수님을 영접하고 세례를 받았다는 것이다. 60대 어르신들의 작은 섬김으로 인해 무슬림 청년들의 영혼과 삶이 변화된 것이다.

이후 제주에서 서울로 옮겨 온 예멘 청년들은 일시적으로나마 어머니가 출석하던 교회에서 함께 예배하고 함께 신앙생활을 하게 된다. 어머니는 수년째 탈북민 교회에 출석하며 탈북민 성도들과 신앙생활을 해 오셨는데 내겐 이제 막 회심한 무슬림 청년들이 어머니와 함께 그리고 탈북민 성도들과 함께 예배드리는 장면이 기이하고 또 감동적이었다. 앞서 나눴듯이 한국 교회 선교의 적이라고 여긴 무슬림 청년들이 회심하고 신앙생활을 하며 예배하게 되면서 어머니 당신이 가장 많이 변화되셨다. 막연한 두려움이 오히려 무슬림 선교의 열정으로 바뀌는 계기였다.

생일 하루, 이주민과 함께

어머니 73세 생신 때 하루 종일 흥미로운 광경이 벌어졌다. 생신날 이른 아침에 "저녁에 가족들 모여 함께 식사하지요"라고 어머니에게 말씀드렸는데, "오늘은 점심 식사 약속이 있고, 저녁 식사 약속도 있단다. 나는 괜찮으니 다른 날 따로 모이자"라는 것이 아닌가. 아니, 생신날 누구와의 식사 약속일까? 방글라데시 사역자 부부와의 점심 약속, 탈북민 교회 성도들과의 저녁 약속이라고 하신다.

방글라데시는 빈곤이 만연하고 믿는 자들에 대한 박해와 차별이 극심한 나라인데, 어머니는 수년째 방글라데시인 사역자 부부를 섬기고 있었다. 여러 어려운 상황으로 한국에 오게 된 남편은 주중엔 신학 공부를 하면서 주말엔 서울 어느 교회의 파트타임 전도사 사역을 해 왔다. 이들 부부의 한국살이는 만만치 않았다. 재정의 어려움은 그렇다 쳐도 사회 전반에 만연한 외국인 유학생과 노동자들에 대한 차별과 배제는 교회 안에서도 여전히 존재했다.

어머니는 이들 부부를 재정으로 섬기기도 했지만, 그들을 자주 방문하여 준비해 간 음식을 함께 나누기도 했고, 행정이나 제도의 어려움이 생길 때마다 이들 바로 옆에 서서 변호했으며, 부부의 임신, 출산, 육아 과정에도 함께했다. 이들 가족에겐 '한국 땅의 친정 엄마요 할머니'였다. 그런 어머니 생신날이기에 방글라데시 사모가 정성 가득 담긴 점심 식사를 준비했다고 한다.

수년째 탈북민 교회에 출석하며 함께하는 어머니, 영광스러운 일이고 한편 어려운 일일 것이다. 분단 70년은 남북한 사이 체제 차이를 넘어 사회 문화와 사고방식이라는 거대한 갭을 만들었고, 통일 목회 현장에서도 유사한 어려움이 그대로 드러나고 있다. 그 와중에 감사하게도 복음 안에서 서로가 서로를 품고 이해하려 애쓰고 배우려는 성도들이 있었다.

어머니가 섬기는 탈북민 교회도 그런 교회였다. 매주 일요일마다 북한 사람과 남한 사람이 함께 예배하고, 서로 말씀으로 양육하며, 탈북민 담임목회자를 세워 드리고 있었는데, 생신날 탈북민 목회자 부부와 성도님들이 손수 저녁 식사 자리를 준비한 것이다. 얼마나 즐거우셨을까. 흐뭇한 광경이 아닐 수 없다.

집 대문만 열면 선교 현장

작은 동네 교회를 섬기는 보통의 어르신인 어머니의 마음에는 늘 '열방'이 있다. 평생 적잖은 해외 선교사들을 후원하며 섬겨 오고 있으며, 이제 250만 이주민 시대에 '우리 집 대문만 열면 그곳이 선교지'라는 것을 온몸으로 경험하고 있다. 당신에게 다가온 이웃들과 더불어 선교적 삶을 살고 있는 어머니의 하루를 보면 "네가 알지 못하는 나라를 네가 부를 것이며 너를 알지 못하는 나라가 네게 달려올 것"(사 55:5)이라는 구절을 실감하게 된다.

어머니의 일상을 보면 선교 패러다임이 변했다는 것을 바로 알게 하신다. 한국 교회의 과제인 글로벌 선교, 이주민 선교, 통일 한국 선교 등이 70대 어르신의 일상에 모두 담겨 있다. 예전처럼 풀타임 선교사를 주인공 삼아 '누군가는 가고, 누군가는 보내는 선교'도 여전히 유효하지만, 우리 성도 개개인이 주인공이 되어 '누군가는 가까이 가고, 누군가는 멀리 가는 선교'로 그 패러다임이 전환되고 있음을 본다.

따라서 우리는 여전히 해외 타 문화권에서 살아가는 최전방 선교사들도 계속 돕고 지원하면서, 동시에 한국 본토에서 마주하는 다양하고도 역동적인 선교 환경들 또한 주시해야 할 것이다. 해외 이주민이든 북한 탈북민이든 지역 교회의 선교 전략이 더 정교하게 변화되고 발전되기를 요구하고 있다. 지금 우리는

복음, 시장 한복판에 서다

선교의 시대를 살고 있다. 이러한 선교의 시대, 다원화된 세상의 한복판에서 우리 모든 크리스천에게 필요한 덕성은 사랑과 인내, 그리고 포용의 성품일 것이다.

　　자본과 기술과 문화의 힘이 강력해질수록 전통 윤리나 상대방을 존중하고 배려하는 성품과 덕목은 점점 더 희귀해 질 것이다. 각자의 기분, 감정, 이익이 앞서는 분위기 속에 디모데후서 3장 말씀처럼 많은 이들이 더욱 사납고 이기적으로 변해 가지 않을까. 그러한 세태 속에 복음을 아는 자들은 어떤 성품을 드러낼 것인가. 다르게 살아야 하는데 그 비결은 변화된 내면일 것이다. 변화된 내면이 있다면 세상의 조류는 충분히 이겨낼 수 있다. 특히 다원화된 시대에서 크리스천으로 살아감은 '고난도의 신앙'이요 '고난도의 사역'이 아닐 수 없다. 세상 한복판에서 세계관이 다르고 추구하는 방향이 다른 사람들과 뒤섞여 살아가는 가운데, 그분(The One)을 전하는 것은 어려운 일이다. 능력 주시는 분 안에서 우리 스스로 충동과 탐욕과 분노가 아닌 사랑과 인내와 포용으로 '성숙한 성도가 누릴 수 있는 복'을 누리길 바란다.

예수의 사랑을 전하는
비즈니스

ㅁ선교사 부부는 중동 무슬림권 E국에 2009년 3월 처음 들어갔다. 선교사 부부가 그 나라에서 하는 일은 음악 학원이다. 보컬을 비롯해 건반, 기타, 현악기, 타악기 등을 가르치고, 수강생은 주로 E국 무슬림 현지인 아이들, 각 나라에서 온 외교관 가족과 기업인의 자녀들이다. 무슬림 아이들이라 해도 자신의 의지보다는 부모의 손에 학원으로 끌려오는 경우가 대부분이다.

선교사 부부는 아이들이 좋아하는 곡을 부르게 했다. 음악 수업을 하면서 아이들은 한 번도 표현하지 못한 감정을 쏟아내며 점차 기쁨을 배우고 자유로워졌다. 처음엔 음조차 못 맞추던 아이가 기타를 치며 노래를 부르기도 했다. 아이의 표정에서 즐거움을 발견했다. 어둡고 슬퍼 보이던 무슬림 아이의 표정이 꽃처럼 환하게 보였다. 졸업식 때 그 나라 왕 앞에서 노래를 부르기도 했다.

일 년에 두 차례 재학생 콘서트를 하는데 가족이 모두 참석했다.

이미 아이들에게 가볍게 부를 수 있는 찬송가('나 같은 죄인 살리신' 혹은 '예수 사랑하심은' 같은 곡)를 가르친 ㅁ선교사 부부는 콘서트 당일에 발표하게 했는데, 놀랍게도 부모들이 가사에 전혀 개의치 않았다. 부모에게 중요한 것은 '우리 아이가 신뢰할 만한 공간에서 음악을 배운다'는 것과 '저 선생님에게 아이를 꼭 맡겨야 한다'는 확신이었다. 음악 학원에 다니는 아이들은 모두 이런 상황을 경험한다.

ㅁ선교사 부부가 E국에서 하는 일은, 무슬림들 마음속에 있는 것을 끌어내는 것이다. 무슬림 여성은 검은 히잡을 쓴 채 억눌림과 폭력을 당하기 마련이었는데, 그들이 노래 부르고 기타 치고 맘껏 춤추게 하면서 자유함을 느끼게 하고 싶었다. 선교사 부부는 무슬림 지역에서 BAM 사역을 할 때 권위적 리더십보다 자유함의 리더십을 강조한다. ㅁ선교사 부부의 이야기이다. "이슬람 신앙이 검정색이고 우리의 복음을 흰색이라고 한다면, 검정색에서 흰색으로 단번에 바꿀 수 없습니다. 우리가 하는 일은 회색 지점으로 들어온 이들에게 '스스로 선택할 수 있는 가능성'을 열어 주는 것이에요. 음악은 회색 지점을 만들어 이끄는 역할을 합니다."

열 살 즈음의 아이들이 부모와 함께 학원에 오는 편인데, 아이가 학과 선생님을 따라 교실로 가면 엄마는 아내 선교사와 양육 이야기를 한다. 한번은 무슬림 엄마들과 대화하던 도중 한 엄마가 ㅁ선교사의 이름을 부르며 어떻게 그렇게 자유롭냐고 했고, 곧이어 어떻게 그렇게 행복하냐고 물었다. 또 다른 엄마는 어떻게 아이들을 가르쳤냐고 했고, "너희 애들을 보면 참 좋아. 너도 참 좋아"라고 말했다.

그때 ㅁ선교사는 복음의 가치를 나눈다. "돈이 많으면 행복할까? 권력을 가지면 행복할까? 무엇이 행복하게 해 주니?" 그러자 "Peace!"라고 답한다. 그들에게 이렇게 말해 준다. "평화는 사랑인데, 주고받는 것(give and take)이 아니야. 일방적으로 죽는 사랑이지. (예수 그리스도를 언급할 수 없지만) 바로 그 사랑으로 아이들을 사랑하고 끌어안고, 바로 그 사랑으로 남편을 사랑하고 끌어안는 거야." 이 말에 울기 시작한다. 코란에는 사랑이 없다. 코란은 '긍휼하게 살아라', '긍휼을 베풀어라'라고 하는데 그것이 해답이 아니라는 것을 잘 안다. 예수 그리스도의 십자가 사랑이 그들을 바꿀 수 있다. 하나님이 선교사 부부를 통해 하시는 일이다.

복음, 시장 한복판에 서다

타 종교인을 대하는 태도

케이프타운선언문은 우리가 세상에서 마주하게 될 타 종교인에 대한 기본 소양도 짚고 있다. 본문에서 무슬림, 힌두교인, 불교인 등을 언급했지만, 한국 사회에 급격하게 증가하는 무신론자와 안티기독교인들도 포함된다. 특히 우리 일터에서 마주할 타 종교인 그리고 그들과 더불어 살아가면서 이룰 선교적 영향력을 생각할 때 아래 선언문 내용은 의미와 도전이 된다.

> C-1. "네 이웃을 네 몸 같이 사랑하라"는 명령은 타 종교인들을 포함한다. [10]
> 우리는 예수 그리스도의 제자로서 타 종교인들을 성경적 의미의 이웃으로 여기도록 요구하시는 중요한 부름에 응답한다. 그들은 하나님 의 형상으로 창조되었으며, 하나님이 사랑하시는 사람들이고, 그

10) Lausanne Movement, 케이프타운 서약, 91~92.

들의 죄를 위해 그리스도께서 죽으셨다. 우리는 그들을 우리의 이웃으로 보려고 노력할 뿐 아니라 그들의 이웃이 됨으로써 그리스도의 가르침에 순종하고자 한다. … 우리는 사랑의 하나님의 이름으로 무슬림, 힌두교인, 불교인, 그리고 다른 종교 배경을 지닌 사람들과 친구가 되지 못한 것을 회개한다. 예수님의 영 안에서 우리는 솔선하여 타 종교인들에게 사랑과 선의와 환대를 보여 줄 것이다.

C-3. 행동하는 사랑은 은혜의 복음을 몸으로 나타내고 매력 있게 만든다. [11]
"우리는 그리스도의 향기다." 우리의 소명은 타 종교인들 속에서 하나님의 은혜의 향기가 가득한 모습으로 살고 그들을 섬김으로써, 하나님이 선하신 분임을 타 종교인들이 느끼고 보게 하는 것이다. … 타 종교가 지배하는 어려운 곳에서 오랫동안 살며 사랑하고 섬길 때, 위험하고 복음이 환영받지 못하는 문화 속에서도 예수 그리스도의 은혜가 그 향기와 맛을 드러내게 된다.

청년 세대와 함께 케이프타운선언문을 읽을 때, 이들이 감명 깊게 느끼는 부분은 바로 '우리는 사랑의 하나님의 이름으로 타 종교인들과 친구가 되지 못한 것을 회개한다'는 부분이다. 서구 기독교인들은 이전의 기독교 역사를 통해 타 종교를 믿는 비기독교 문명에 대해

---

11) Lausanne Movement, 케이프타운 서약, 94~95.

무례하게 나아가 폭력적인 방법으로 그들의 존재와 일상을 억압하고 장악하려 했다. 그리고 이는 많은 시간이 지난 지금까지도 무슬림을 포함한 적잖은 타 종교인들에게는 크나큰 상처요 피해의식으로 남아 있다. 청년 세대들도 이를 알고 있는 모습이다. 특히, 청년들은 본인 주변에 이미 '무신론자'가 많음을 알고 있다. 무신론을 고수하는 친구들 앞에서 어떤 일상을 살아야 할지 고민하는 모습이다.

이제 우리 크리스천들은 한국 사회뿐만 아니라 전 세계 어느 곳이라도 다원화된 사회에서 우리와 다른 종교, 다른 세계관, 다른 삶의 양식을 가진 이들과 더불어 살아야 하는데, 이제 이들에게 어떤 방식으로 복음을 전할지 고민해야 할 것이다. 복음의 향기와 맛을 드러내는 일상을 살아야 한다.

Chapter 6

남다른 라이프 스타일을
누리다

복음이 한 사람의 삶에 끼치는 영향은 지대하다고 할 수 있다. 한 사람의 삶에 복음이 제대로 담길 때 성품, 세계관, 리더십이 바뀐다. 그러면서 라이프 스타일이 바뀐다. 이러한 변화된 라이프 스타일이 가정에 담기면 가정이 변화되고, 일터에 담기면 일터가 변화된다. 변화가 좀 더 넓은 범위로 퍼져갈 때 사회, 경제, 환경 등 여러 분야에 다양한 유형의 변혁이 일어난다. 이는 앞서 강조한 내용이다.

크리스천 비즈니스 리더들은 위와 같은 과정을 동일하게 겪었다는 것을 알 수 있었다. 각자 다른 환경에서 성장했고, 나이가 다르고, 아는 사이도 아니고, 예수님을 만난 시기와 방식이 천차만별임에도 하나님께서 한 사람을 만들고 세우는 과정은 동질적이다. 각각의 리더들이 복음을 아는 자로서 시장 한복판에 던져졌을 때 그들을 통해 뿜어져 나오는 복음의 강력한 힘은 그들이 딛고 있던 시장의 흐름과 비즈니스의 방향을 바꿔 놓기에 충분하다.

1장에서 이미 나누었듯이 나의 비즈니스 경험기 역시 동일한 흐름이다. 지금도 감사한 것은 지역 교회 부교역자였던 내가 시장 한복판에 던져졌을 때 내 안의 복음이 비즈니스 현장에 맞물려 계속해서 이물감을 느끼게 하고 갈등하게 하며 고민하게 만드는 가운데, 무엇이 진정 복음을 아는 자의 삶인지 질문하게 했다는 점이다. 지금 이 상황에서 무엇이 복음적인 선택이요 선교적인 선택인가? 그저 자본, 기술, 문화의 힘에 자연스럽게 압도되어 마냥 눌려 살 수도 있었지만, 내 심장에 박힌 복음은 이를 허락하지 않았다. 내가 비즈니스 현장에서 했던 그 어느 의사결정도, 재정집행도, 인간관계도 고민 없이 한 것이 하나도 없다.

남다른 라이프 스타일이 있는가

모종린 교수는 건강한 크리스천으로서 베테랑 학자이자 연세대 국제대학원 교수이다. 이 시대 건강한 사회-경제를 위해 애쓰는 골목상권 전문가이기도 하다. 2022년 6월, 모 교수가 IBA 리더스포럼 강의 중에 참석자에게 질문을 던졌다. "우리 크리스천에게 우리만의 라이프 스타일이 있습니까?" 뼈 때리는 질문이었다. 라이프 스타일이라 하면 복음을 아는 자로서의 독특한 삶의 면면일진대 대한민국 사회·경제를 분석하고 연구하는 학자가 한국 교회를 볼 때, 또한 성도의 라이프 스타일을 볼 때 크리스천만의 그것이 보이지 않았다는 것이다.

추측하면, 한국 교회 다수의 성도들이 그저 자본주의 즉 자본을 주인 삼아 그 뜻을 펼쳐 내는 삶의 양식에 충실해 보이지 않았을까 싶다. 내 주변에 이 사람이 정말 크리스천일까? 하고 의문을 갖게 하는 이들이 적지 않다. 세상 사람들처럼 똑같이 약탈적으로 자본을 모으고 건강한 투자가 아닌 주식 투기에 뛰어들고, 괜찮다는 땅을 돌아다니며 끌어다 모으는 모습이다. 남들처럼 사교육에 앞장서는 가운데 자식의 성공을 위해서라면 부정행위도 서슴지 않는 부모들이 있다. 교회 건물 안에서는 '예수는 주'라고 하면서 건물만 벗어나면 삶의 주인이 누구인지 도무지 알 수 없다.

모종린 교수가 우리에게 던진 크리스천 라이프 스타일에 관한 질문은 이 시대에 매우 중요하다. 자본이 왕 노릇 하며 사람과 공동체에 크나큰 영향을 끼치는 지금 자본주의 시장경제 체제가 더욱 큰 힘을 발휘하고 세를 떨치며 우리의 라이프 스타일을 압도할 텐데 과연 크리스천으로서 우리는 어떤 삶을 살고 있을까? 정말이지 자본주의에 충실한 삶의 양식이 우리로 하여금 선교적 부르심을 잊게 만들고 선교적 삶을 살지 못하게 하지 않나 싶다. '선교적(missional)'이라는 게 대체 무슨 뜻인가? 이는 어쩌면 우리 사회-경제 속 자본주의의 어두운 면면에 맞물려 있는지도 모르겠다.

우리 주인이 그저 돈이라면

세상 모든 것이 비즈니스화되었다. 불과 20년 전만 해도 비즈니스라고 하면 경영학이라는 특정 학문을 떠올렸다. 지금은 모든 영역에 비즈니스라는 수식어가 따라붙는다. 의료 비즈니스, 사회복지 비즈니스, 교육 비즈니스 등. 이제는 대학교 학과들의 이름 역시 이러한 비즈니스와의 융합 개념을 토대로 만들어짐을 본다.

MZ세대는 사회적 가치, 환경적 가치 등에 열광적이며 가치 지향적이라고도 하고, 어려서부터 자본주의 경제의 생활 방식이 익숙해서 돈의 흐름에 민감하다고 한다. 그러고 보면 지금 이 시대의 화두가 '돈'이 된 것은 당연해 보일 수 있겠다. 이때에 누군가 이들 앞에 돈에 대한 건강한 관점, 건강한 라이프 스타일을 살아 내며 보여 주지 않는다면, 향후 크리스천들의 일상 역시 비즈니스 논리에 충실하게 흘러감이 당연하다.

실제로 한국 교회 BAM 운동과 IBA는 지난 18년 동안 '비즈니스 세계 속 선교적 삶'을 이야기 했다. 여기서 비즈니스 세계는 한국은 물론 전 세계가 도시화와 자본화 상황을 겪는 가운데 우리 모두 자본주의 사회 속 돈의 힘 앞에 예외가 없음을, 특히 선교지 현장과 그곳 현지인들 역시 똑같은 상황을 겪고 있음을 말한다.

선교적 삶이란 '복음의 영향력이 희귀한 곳에 들어가 우리의 삶 그 자체로 복음이 무엇인지를 보여주는 일상'을 말한다. 그렇다. 성도들은 존재적으로 선교로의 부르심을 받은 자들로서 하나님을 아는 지식이 없고 하나님을 경외함이 없는 그 모든 곳에서 선교적 일상을 살아가야 한다. 우리의 말과 행동만이 아닌 일상 자체가 선교적이어야 한다. 특히 도시화, 자본화 상황에서 돈의 힘을 당연한 삶의 원동력이자 최고 가치로 여기며 살아갈 때 이러한 돈의 힘을 뛰어넘은 라이프 스타일을 지향해야 한다. 우리는 크리스천 라이프 스타일의 모델을 사도행전 2장 후반부에서 찾을 수 있다.

성령 강림으로 인한 두 가지 변화

사도행전 2장 44~45절은 초대교회 성도들의 양식에 관하여 "믿는 사람이 다 함께 있어 모든 물건을 서로 통용하고 또 재산과 소유를 팔아 각 사람의 필요를 따라 나눠 주며"라고 기록하고 있다. 오순절 성령 강림 사건 이후 제자들의 일상에 변화가 생겼다.

첫째, 제자들이 담대하게 길거리로 나아가 복음을 전하기 시작했다. 예수께서 겟세마네 동산에서 체포당하시던 때에 이를 목격한 제자들은 겁에 질려 현장에서 달아나 흩어져 버렸다. 그랬던 그들이 오순절 성령 체험 이후 성령의 권능을 받고 담대해진다. 정서적으로 멀리하던 사마리아는 물론, 유럽과 인도까지 복음을 전했다. 제자들 대부분이 예수를 위해 순교하는 일이 일어난다. 성령께서 하신 일이다.

둘째, 제자들은 공동체에서 함께 살아가는 이들의 사회·경제적 필요를 보고 쥐고 있는 것을 펴서 서로 통용하고 필요에 따라 나누기 시작했다. 4장 마지막 부분에는 바나바가 자기 소유의 밭을 팔아 그 값을 사도들의 발 앞에 뒀다고 되어 있다. 이는 오순절 성령 체험 이후 각 사람의 관점과 마음에 크나큰 변화가 일어났음을 뜻한다.

이 당시도 돈, 노동, 일터, 시장 등 가치가 존재했다. 로마 제국의 지배 체제와 신분제 사회를 제외한다면 어느 수준에서는 각자 자기 능력에 따라 일정한 수준의 부를 쌓을 수 있었다. 이러한 배경에서 제자들이 보여 준 일상의 변화는 참으로 놀랍다. 더 많이 소유하고 더 많이 축적하며, 필요하다면 누군가의 것을 빼앗아서라도 욕망을 채우려는 인간 본연의 악한 본성을 거스르는 일이다. 자기 자신과 가족, 그리고 이해관계에 따라 힘과 자원을 사용하던 사람도 성령을 체험하면 전혀 다른 일상, 남다른 라이프 스타일로 살아간다는 것을 보여 주는 놀라운 사건이다.

성령 충만함이란 무엇인가. 적잖은 한국 교회들이 꽤 오랜 시간을 가시적인 은사와 교회의 양적 성장을 성령의 역사라고 정의했다. 방언과 예언, 병 고침, 축사 등을 성령 충만함의 증거로 여겨 왔다. 한 지역에 거대한 교회 건물이 들어서고 선교지에 교회 숫자가 늘어나는 것들을 중요한 지표로 보이기도 했다. 물론 이 또한 성령께서 하신 일이고, 한국 교회사의 중요한 결과물이다. 하지만, 한국교회가 성령 충만의 내면적이고 인격적이고 비가시적인 측면을 오랜 시간 상대적으로 무시해 오지 않았는지 살필 필요가 있다.

바로 그런 면에 있어서, 갈라디아서 5장 후반부 말씀에 나오는 '성령의 아홉 가지 열매'는 오늘날 더 없이 중요하다. 사랑, 희락, 화평, 오래 참음, 자비, 양선, 충성, 온유, 절제 등은 성령 충만의 증거다. 특히, 물질주의와 혈기가 난무하는 시대에 내면의 기초요 삶의 면면이어야 할 것이다. 크리스천들이 크게 드러내지 않으며 덕이 되고 본이 되는 성품과 인격으로 살아냄이 더욱 중요해지고 있다. 한국 사회 전체가 선교지가 되어버린 지금 더더욱 그러하다.

오늘도 비즈니스 세계에서 사도행전적 영성, 사도행전적 라이프 스타일로 살아가는 크리스천 리더들을 만난다. 성령께서 세계관을 바꾸신 그들은 선한 영향력을 끼치고자 모든 자원

을 동원해 일터 현장에서 하나님의 성품과 영광을 드러내려고
한다.

　기술 변화가 역동적인 지금 이 시대에 20대, 30대 크리스천
청년들은 인공지능은 물론 다양한 최신 기술을 가지고 선교적
비즈니스를 세워 지역 사회와 이웃을 이롭게 함과 동시에 무너
지고 황폐해진 세상 곳곳을 치유하고 변화시킨다. 경제 양극화
로 인해 곳곳에 속출하는 사회적 약자들에게, 길바닥에 주저앉
은 이들에게 시선을 고정하며 사회·경제적으로 바로 설 수 있
도록 돕고 있다.

　비즈니스 현장의 크리스천 리더들을 보고 있노라면 초대교
회 성도들의 삶을 떠올리게 한다. 초대교회 성도들은 그들이
크리스천이 된 이후에도 정치적으로 로마 황제의 통치 아래 있
었고, 시장경제 체제 속에서 그저 자기 자신과 주변만 챙기는
라이프 스타일에 머물 수 있음에도 불구하고 전혀 다른 삶을
선택했다. 스스로 '나 자신'이라는 견고한 담에서 벗어나 꼭 쥐
고 있던 두 손을 펴서 그늘진 이웃을 돕는 삶을 선택했다. 정말
이지, 내가 만난 크리스천 청년 기업가들 역시 사도행전 시대
같은 영성과 라이프 스타일로 살면서 하루하루 묵묵히 '사도행
전 29장'을 써 내려가고 있는 것이다. 그들은 동일하게 성령의
이끄심이라고 고백한다.

크리스천 비즈니스 리더들의 라이프 스타일을 보면 공통점이 있다. 하루하루 말씀 앞에 서서 하루하루 일터 현장에서 만나는 이들을 섬기는 것이다. 비즈니스 세계 크리스천들이 붙들고 살아갈 말씀이 있다면 누가복음 10장 27절이 아닐까 싶다. "네 마음을 다하며 목숨을 다하며 힘을 다하며 뜻을 다하여 주 너의 하나님을 사랑하고 또한 네 이웃을 네 자신 같이 사랑하라"

우리가 매일매일 순간순간 집중할 것은 딱 두 가지다. 나의 하나님을 사랑하고 예배하며 내 이웃을 섬기는 것, 이것뿐이다. 물론 비즈니스 리더로서 중장기 계획을 가지고 회사의 5년 후 10년 후를 대비하는 것도 중요하고, 가정의 미래를 위해 부부가 미리 노후를 준비하는 것 또한 지혜로운 일이다. 그러나 크리스천의 기본 단위는 '하루하루'이고, 기본 사명은 '하나님 사랑, 이웃 사랑'이다.

비즈니스 세계에서의 크리스천 라이프 스타일도 마찬가지이다. 국내에 있던 해외에 있던, 자신이 있는 그곳에서 하나님을 경외하며 그분과 연결되어 있음에 집중하고, 그날에 내게 붙여 주신 이웃을 마음을 다해 섬기며, 일터에서 매순간 충성과 헌신으로 살아가는 것이다.

다시 강조한다. 비즈니스 세계에서 청지기 신분임을 기억하길 바란다. 우리는 주인 되신 하나님 앞에 있는 존재임을 기

억하길 바란다. 회사 법인이 비록 내 이름으로 등기되어 있을
지라도 진짜 주인이 누구인지, 누구의 뜻을 따르는지 우리의
삶을 통해 잘 드러나면 좋겠다. 주어진 자산도 마찬가지다. 지
속가능한 일상을 살기 위해 하나님 안에서 허락된 재정을 지혜
롭게 관리할 필요가 있다. 동시에 재정의 근원과 주인을 묵상
하면서 사용하면 좋겠다. 이러한 '일상의 거룩함'으로의 부르심
과 초대가 목사나 선교사에게만 주어진 것이 아니라 비즈니스
세계 모든 성도에게도 공히 주어져 있다.

복음의 불모지에서 복음을 살다

　해외 선교지 현장에서 10년 넘게 비즈니스 선교 사역을 해
오던 J 대표를 만났다. 그는 창의적 접근 지역에서도 가장 힘
들다는 곳에서, 복음 전파가 엄격히 금지된 지역에서 사업체를
운영하고 있다. 이러한 국가에 대한 선교 도구로서 비즈니스는
하나의 주요한 방식이다. 교회로서는 들어갈 수 없지만 비즈니
스로서는 들어갈 수 있기 때문이다. 이들 나라와 지역들 대부
분이 빈곤과 기아, 여러 총체적 어려움 속에 있는데, 크리스천
기업가들은 현지 직원과 함께 마을 공동체와 해당 국가에 하나
님 나라의 선한 영향력을 끼치고 있다.
　2014년 그가 빈손으로 창업하던 때와는 달리 어느덧 그의
사업은 해당 국가에서 현지인 수 백 명을 고용하는 회사로 성

장했다. 그 나라에 들어가서 자리 잡기 시작하던 때만 해도 몹시 텃세가 심했다. 현지 직원들이 대놓고 대표를 무안하게 만들고, 저주와 욕설을 퍼붓는 경우도 다반사였다. 국가에서 여기서 일하라고 해서 일하는 그들 입장에서는 기업 대표가 단지 외국에서 온 기독교인이라는 것만으로도 싫었을 것이다.

J 대표는 감시와 통제가 극심했던 그 나라, 뇌물과 뒷돈 없이는 아무것도 할 수 없는 그 나라에서 수년간 복음을 아는 자답게 묵묵히 살았다. 복음을 말로 전할 수 없는 상황에서도 하루하루 삶으로 복음을 드러내려고 했다. 그 가운데 기업은 풍파와 도전을 겪으며 계속해서 성장했다.

어느 날 지역의 정부 관리가 새로 부임했는데, 회사를 방문해서는 J 대표에게 뇌물을 요청했다고 한다. 당시 대표 옆에 현지인 직원이 두 명이 있었는데, 한 직원이 회사 대표를 대신하여 정부 관리에게 강하게 어필했다. "우리 회사, 그런 회사 아닙니다." 그리고는 정부 관리를 돌려보냈다. 그 직원은 창업 당시 J 대표의 면전에 욕설과 저주를 퍼부을 만큼 제멋대로였던 사람이었다. 뇌물과 부정을 당연시하던 사람이었다. 그런 그가 3년 넘게 대표와 함께 일하면서 말과 행동이 달라진 것이다. 감시와 통제를 하려는 정부와 지역 관리들과는 달리 자신들을 사랑과 존중의 언어로 대하는 J 대표를 만나 인생이 바뀌었고, 지금은 회사의 일원으로 항상 정직하게 성실하게 일하여 합당한 노동의 대가를 받고 있었다.

복음, 시장 한복판에 서다

자연스럽게 현지 직원 대부분이 회사에 대한 자긍심이 높아졌다. 지역 간 이동을 금지하고 있는 국가였으나, 그 나라 여러 지역의 젊은이들 사이에 꼭 들어가고 싶은 회사로 전국에 입소문이 나 있었다. 인접 국가의 대기업들은 돈의 논리와 돈의 힘에 따라 현지인 직원들을 착취하려고 했으니, 이런 분위기 속에서 상대적으로 더욱 기업의 가치가 상승할 수밖에 없었다.

하루는 현지 직원들 여럿이 다가왔다. "대표님, 평소 말과 행동을 보니 대표님이 믿는 기독교가 너무 궁금합니다. 교회는 뭐하는 곳입니까? 복음은 무엇입니까? 좀 알려 주십시오." 순간 현지인 직원들의 반응을 보며 그 대표는 차디차고 냉혹한 복음의 불모지 한복판에 선 하나님 나라를 느낄 수 있었다. J 대표는 그 이후에도 일터 현장에서 하나님의 체취와 체온을 느끼는 현지 직원의 숫자가 계속해서 늘어나고 있다고 했다. 이것이 일터 현장에서의 복음의 능력이다. 크리스천 라이프 스타일의 매력이다.

일터에서 사랑과 공의를 살다

나는 J 대표의 간증을 들으며 크리스천은 어떤 존재인지를 다시 묻게 되었고, 크게 두 가지로 정리할 수 있었다. 첫째, 크리스천은 하나님의 사랑을 받는 자이며 그 사랑을 주변으로 흘려보내는 자이다. 기업 대표들이 한 일은 일터 현장에서 현지

일꾼들과 함께하는 가운데 하루하루 사랑받는 자요 동시에 사랑하는 자의 삶을 살았다. 그랬더니 4년 정도 지난 후에 현지인들 역시 사랑받는 자가 되어 언어가 부드러워지고 표정이 밝아졌다는 것이다. J 대표의 마음속에 담긴 하나님의 사랑이 자연스럽게 현지인 직원들에게 흘러갔고, 현지인 직원들은 평생 자기 정부와 지역 사회, 가족으로부터 받아 보지 못한 존중과 인정, 사랑을 일터 현장에서 기업 대표로부터 받으며 그들의 일상이 변화되었다는 것이다.

둘째, 크리스천은 하나님의 공의를 아는 자이며 그 공의를 삶으로 실천하는 자이다. J 대표가 했던 일은 일터 현장에서 하루하루 '우리에게 남다른 질서, 원칙, 선, 규율이 있음'을 보여 준 것이다. 평생 방만하고 부정직하게 살아온 현지인 직원들 앞에 정직과 성실의 모범이 되었다. 그렇게 4년 정도 지나자 현지인 직원들도 일터에서 이전과는 전혀 다른 존재로 변화되었다. 대표는 중년 직원으로부터 "사람 사는 것이 어떤 것인지 이제야 깨닫게 되었다"라는 말을 들을 수 있었다.

사랑받아 본 적이 없고 질서 잡힌 삶을 본 적 없는 이들이 복음을 아는 자를 만나고 난 후에 진정 인간다운 삶을 누리며 살아가기 시작한 것이다. 복음은 역시 힘이 세다. 정말이지, 시간이 지나면 지날수록 더욱 확실해지는 원칙들이 있다.

1. 복음은 삶을 통해 전해진다.

복음, 시장 한복판에 서다

2. 복음이 삶을 통해 전해지려면 시간이 필요하다.

3. 일터 환경에는 복음-삶-시간을 아우르는 힘이 있다.

청년 크리스천 Must-have

나는 꽤 많은 학교와 교회에서 대학생, 청년들을 대상으로 '일터 영성과 선교적 삶'에 대해 강의해 왔다. 강의를 하면 할수록 청년들이 선배 신앙인으로부터 듣고 싶어하는 것이 있다는 것을 알게 되었다. 여기저기에서 청중이 유난히 집중했던 12가지 주제를 헤드라인 중심으로 정리해 봤다.

1. 언제나 아버지 사랑이다!

자본주의 시장경제에서 '아버지의 사랑'이 늘 나를 이끌어 오셨다. 매일 가장 중요한 기도는 '오늘 하루도 주님의 뜻이 내 삶 가운데 이루어지기를'이었다. 하나님의 놀라운 그 사랑 앞에 나의 하루를 온전히 드리며, 그 사랑이 나를 이끌며 그분의 뜻을 겪게 되는 것, 바로 이 원리가 중요하다. 이것이 바로 자본주의 시장경제도 뚫어 내는 힘이요 비결이다.

2. 어디서든지 언제든지 연결 상태

매일매일 아버지의 사랑받음이 우리의 기본이고, 그러려면 매일 연결(Connected)되어 있어야 한다. 연결되어 있으면 세상이 우리를 찌르고 협박해도 끄떡없다. 속이 꽉 찬 상태에서 꽉 찬 삶과 사역을 살아 낸다. 스스로 회복하고, 스스로 힘내고, 스스로 일을 찾아 달린다. 하나님과 분리(Disconneced)되지 않는다면, 그분은 우리를 위해 늘 길을 만드신다. 중요한 건 자녀로서 아버지와 연결되어 있음이다.

3. 배운 대로 살아 봤더니 행복하더라

대학 때부터 "Why not change the world?"와 "공부 해서 남 주자"라는 구호에 매료되어 이후 20여 년간 살아왔다. 이 삶의 원리는 자본이 다스리는 듯한 시대에도 여전히 잘 작동한다. 단순히 '굶어 죽지 않는다' 정도가 아니라 '행복하고 보람 있는 삶을 살고 있다'고 말하고 싶다. 여전히 매번 어려움과 도전으로 힘들고 고단하지만, 지금 이 길 전혀 틀리지 않다는 확신을 가져라.

4. 너 자신을 알라

하나님의 손에 이끌려 다니며 '내가 이런 걸 좋아하던 사람이었구나', '내게 이런 끼가 있었네?' 하며 나 자신을 많이 알게 되었다. 매 순간 새로이 알게 된 역량들, 그리고 이를 발굴하여 사용하게 하시는 하나님! 하나님은 내가 싫어하는 것을 억지로 시키지 않으신다. 다만, 여기저기를 이끄시면 나로 하여금 깨닫게 하고 배우게 하며 세우는 그 과정이 얼마나 젠틀하신지!

"나보다 나를 더 잘 아시는 주님, 주님 원하시는 대로 나를 빚어 주시고 사용해 주십시오."

5. 건강한 청지기로서의 삶

우리 삶과 사역의 기본 태도(attitude)는 날마다 건강한 청지기로 살아가는 것이다. 시간, 힘, 재능, 돈, 인간관계 등 그 어떤 것도 내 것이 아니다. 하나님의 것을 위임받은 것이다. 이를 건강하게 활용하기 위해 비즈니스 현장의 다양한 이해관계자들과의 관계가 중요하고, 공동체적 책무성을 가지고 의사결정을 하며, 모든 이들과 성실하게 의사소통하는 것도 중요하다.

6. 착한 뜻보다 하나님의 뜻이 중요하다

요즘은 CSR과 CSV, 그리고 ESG의 시대로서 이른바 착한 행동을 하는 '착한 기업'이 넘쳐 나는 시대다. 이런 때 과연 크리스천 기업다움은 무엇인가? 이 질문에 대해 숙고할 필요가 있다. 단연코 우리다움의 중심에는 예수의 복음과 하나님 나라 가치가 있어야 한다. 세상에서의 상식, 매너, 이성이 하나님 나라의 그것들과 충돌할 때가 있다. 그럴 때 무엇을 선택할 것인가? 선택에 따라 우리의 중심이 드러난다.

7. 무형의 가치를 추구하라

비즈니스 현장에서 크리스천임에도 당장 눈에 보이는 이익만 추구하는 이들을 보며 안타까워했던 적이 있다. 크리스천이 중장기적인 안목이 없고, 한 영혼에 대한 배려나 희생도 없고, 하나님이 일하실 공간을 내어 드릴 여유도 없다면 얼마나 안타까운 일인가? 하나님 나라 비즈니스는 무형의 자산(Intangible Asset), 영적인 가치(Spiritual Value)를 볼 줄 아는 안목에서 출발한다. 단순히 돈만 잘 벌고 끝날 일이 아니다.

8. 선교사가 되려 하지 마라

선교적 삶을 살려 애쓰라. 선교적 삶을 사는 사람은, 남이 인정하든 인정하지 않든 하나님이 원하시는 하나님의 선교를 이뤄 낸다. 선교는 직위로 하는 게 아니다. 방법론으로 하는 게 아니다. 선교는 삶의 결로 하는 것이다. 특히 선교적 삶에는 과정이 중요하다. 스스로 삶의 과정이 하나님 앞에서 옳고 의로웠는지 질문하는 습관을 가지라.

9. 그냥 하루하루 사는 거다

오늘도 세상 곳곳을 보면 적잖은 청년 기업인들이 '더 나은 세상을 위하여', '우리 자녀들에게 더 좋은 세상을 물려주기 위하여'를 목표로 열심히 일하고 있다. 그런데 하나님이 우리에게 요구하시는 삶은 '내일이 없는 삶'이다. 하나님이 주시는 일용할 양식을 추구하며, 매일매일 하나님을 사랑하고 이웃을 사랑하는 삶, 예수님 다시 오시는 그날까지 그렇게 사는 것이다.

10. The One을 보유한 one of them

지금의 청년들이 앞으로 살아갈 시대는 크리스천이 사회의 소수인 시대다. 어쩌면 우리가 신앙인으로 살 때 거센 반감과 박해가 있을지 모르겠다. 이걸 당연히 여겨야 한다. 절대 진리(the One)를 가진 비즈니스 세계의 일원(one of them)으로서 우리 주변의 다른 이들과 어떻게 공존하고 소통하며 동역할 것인지를 고민하라.

11. 꿈, 품, 틀을 기억하라

하나님이 우리에게 주신 깃발로서의 꿈을 상기하며 붙들며 사는 것이 중요하고, 어려움에 처한 누군가를 품을 수 있는 규모도 중요하고, 나를 표현하고 내 사업(사역)을 정의할 수 있는 큰 틀거리 즉 영역, 주제, 카테고리도 중요하다. 꿈만 붙들고 철없이 뛰어다니던 시절도 있었지만, 요즘은 많은 이들을 품을 수 있는 품을 만드는 것이 내 고민이다.

12. 청년 시절에 열심을 쏟을 것

대학 시절에 얻은 것은 나를 사랑해 주는, 평생의 영적 동반자들이었다. 졸업한 이후로도 언제든 연락하여 마음을 나누고 진로를 의논할 수 있는 교수님들, 친구들, 선후배들, 간사님들을 얻었다. 단순히 '얻었다'는 표현이 부족할 정도로 이들을 통해 하나님의 사랑을 많이 받았다. 사랑을 주고 사랑을 받을 수 있는 믿음의 동역자들을 만들고, 멋진 신뢰 공동체를 만들어라. 이것이 영적인 자산이요 실제적인 자산이다.

∾

크리스천 직장인 청년들로부터 종종 상담 요청을 받는다. 지역 교회에서 예배도 잘 드리고 교회 봉사도 열심히 해 온 사회 초년생들을 만날 때마다 이상과 패기, 열정만 가지고 일터에 들어와 겪는 몇 가지 반복되는 시행착오를 전해 듣는다. 교회를 오래 다닐수록 그리고 머리가 똑똑할수록 회사에서 세상에서 동일하게 겪는 전형이 있다.

입사한 지 한 1년쯤 지나면 회사와 동료들을 향한 자기만의 판단이 시작된다. "여기 업무를 다 파악했어. 예측가능해. 빤하네", "저 일은 왜 저런 방식으로 하지 않는 거지? 문제가 있어", "상사들이 엉망이야. 전망이 없네", "대체 여기 회사 문화는 왜 이래?", "이런 비윤리적인 일을 강요하다니!" 하며 하나하나 높은 기준을 가지고 분석하다 보면 이는 곧 불평으로 이어진다.

입사한 지 겨우 1년 된 청년이 퇴사를 고려하면서 말한다. "목사님, 요즘 다음 진로를 위해 기도하고 있습니다. 하나님이 마음 주시는 곳으로, 일터 현장에서 선교적 삶을 살 수 있는 직장으로 이직하려 합니다. 크리스천 기업 중에 괜찮은 곳 소개해 주세요."

가만히 듣다가 묻는다. "저기, 선교가 뭐라고 생각해요? 일터에서 선교적으로 산다는 건 무슨 뜻일까요?" 내 앞에서 '선교적 삶'이란 단어를 꺼내지 않았더라면 모르겠는데, 그냥 처음부터 "돈이 좋아요", "미래가 있는 곳으로 이직하겠습니다"라고 했다면 모르겠는데, 선교란 단어를 입 밖에 꺼내면 이야기가 달라진다. 그의 두 눈을 똑바로 바라보며 한마디 한다. "하나님의 선교를 중심에 두고 봤을 때, 문제 있어 보이는 건 그 회사보다 바로 당신입니다." 그러면서 선교의 모범이신 예수님의 삶 이야기를 나눈다.

선교를 친히 실천하신 분

예수님. 높고 높은 하늘 보좌를 버리고 이 낮고 천한 땅 위에 내려오신 분, 아기의 모습으로 태어나셨는데 그것도 냄새나는 마구간에서 나셨다. 인간의 몸을 입고 땀 냄새 나는 목수로서의 인생을 사셨다. 공생애 시간에서 그가 양육했던 제자들은 정말이지 속 터지는 존재들이었고, 아무리 이야기하고 또 이야기해도 도무지 알아듣지 못했다. 예수님이 로마 군병들에게 체포되던 그때에도 도망가지 않았던가. 제자들은 결국 오순절 성령 사건 때 성령을 체험하며 완전히 새롭게 거듭나 새 인생을 살았지만, 예수님은 그런 모습을 보지 못한 채 돌아가셨다. 정말이지, 비효율적인 일상이요 영양가 없는 일상을 사셨다.

선교란 이런 것이 아닐까. 낮고 추하고 냄새 나는 그곳. 복음의 영향력이 희귀하고 답답함이 가득한 그곳. 굳이 그 한복판에 들어가서 힘들더라도 그곳 사람들과 어울리며 복음을 살아 내며 복음을 삶으로 보여 주는 것, 그것이 선교가 아닐까. 예수님은 복음을 삶으로 살아 내셨다. 그러면서 말씀하신다. "아버지께서 나를 보내신 것 같이 나도 너희를 보내노라"(요 20:21)

직장인 청년들에게 예수님 이야기를 들려주고는 권면한다. "그냥 사세요. 안 믿는 사람들 사이에서 그냥 잘 사세요. 여러분의 하루하루가 바벨론 포로기 70년 같더라도, 하루하루 눈물로 씨를 뿌리며 그들 속에서 사세요. 하나님의 선교는 바로 그런 자리에서 꽃을 피웁니다."

다행스럽게 나와 상담 시간을 보낸 청년들 대부분은 일터로 돌아가서 다른 태도로 하루하루를 살기 시작한다. 한껏 높아졌던 자신의 마음을 낮춰, 회사 대표와 직장 이곳저곳의 부족한 부분을 위해 중보기도 하며 자신의 마음을 깨며 눈물로 기도하며 살아간다. 일터 현장의 동료들과 어울려 살기를 추구하고, 그곳의 부조리함을 온몸으로 견디되 어느 순간 기회가 주어지면 조금씩 선한 가치를 실천하려 애쓴다. 시간이 지나 직급이 올라 3명을 더 품을 수 있으면 그 3명에게 하나님 나라의 영향력을 끼치고, 또 시간이 지나 또 직급이 올라 10명을 품을 수 있으면 그 10명에게 하나님 나라의 영향력을 끼치고. 그렇게 아주 조금씩. 감사한 일이다.

안 믿는 직원들이 보고 있다

∽

크리스천 직장인을 대상으로 진로 상담을 반복할 때마다 새삼 궁금해진다. 청년들이 다니는 교회는 대체 '선교'를 뭐라고 가르친 걸까. 아니, '성도 됨'을 뭐라고 가르친 걸까. 정말이지 위에 언급했던 크리스천 청년들의 수가 적지 않다. 그들을 보며 딱하기도 하고 안타깝기도 하다.

많은 청년들이 지역 교회 안의 세상과 맞지 않는 비현실적인 신앙 교육으로 인해 현실과 세상 사이의 부조화를 경험하고 있다. 교회 안에서 성장하면서 높은 수준의 윤리적, 도덕적 가치를 배우다가 사회에서 본능적으로 자기 나름의 to do와 not to do 리스트를 만드는 가운데, 일터에서는 동료와 상사를 판단하고 소속된 조직에 섞이지 못한 채 벌어지는 일들에 대해 이것저것 판단하려 든다. 함부로, 무례하게, 아무 대안도 없이, 그 자리에서 오랜 시간 피와 땀을 흘린 직장 선배, 동료들에 대한 일말의 존중도 없이 평가하기도 한다.

크리스천 청년의 그런 태도를 직장에서나 주변에서나 다 알게 된다. 직장 동료들이 이런 친구들을 얼마나 이상하게 볼까? 이런 친구들을 보며 교회와 기독교 신앙에 대해 얼마나 이질감과 괴리를 느낄까? 보다 근본적인 질문이 있다. 왜 이런 청년들은 직장 내 일상을 선교 차원에서 생각하지 못하는 것인가? 여름철 겨울철이면 해외 단기 아웃리치는 충성스럽게 다니면서.

자기 주변의 미신자들에게 보이는 자신의 일상은 어떠한지, 복음의 어떠함, 교회의 어떠함, 신앙의 어떠함도 함께 판단 받고 있다는 것을 왜 모를까.

지금 여기, 선교의 시대

지금 이 시대는 '선교의 시대'다. 한국 교회 목회와 선교가 팬데믹 이후 크나큰 어려움을 겪으며 고전을 면치 못하는 상황이고, 마냥 그런 모습에 집중하다 보면 선교 위기의 때라 생각할 수 있다. 하지만 관점을 바꿔 오히려 본격적으로 우리 주변에 더 많은 추수할 땅과 곡식이 드러났고, 선교 활동의 대상과 영역이 더 넓게 확장되었다고 생각하면 어떨까? '지금 여기, 선교의 시대'라는 표현이 맞지 않을까 생각한다. 이런 때 우리가 놓치지 말아야 할 구절이 있다.

> 21 예수께서 또 이르시되 너희에게 평강이 있을지어다 아버지께서 나를 보내신 것 같이 나도 너희를 보내노라 22 이 말씀을 하시고 그들을 향하사 숨을 내쉬며 이르시되 성령을 받으라 _
> 요한복음 20장 21~22절

부활하신 예수님은 제자들을 파송하시며 "아버지께서 나를 보내신 것 같이 나도 너희를 보내노라"라고 말씀하신다. 이는 제자들에 대한 파송이자 지금 이 시대를 살아가는 모든 성도들에 대한 파송이다. 우리는 근본적으로 '보냄받은 자(the Sent)'이다. 우리에게 주어진 상황이 비즈니스 세계이든 이주민 시대이든 그 무엇이든 간에 중요한 것은 우리는 예수님으로부터 보냄받은 자로서 그분이 주신 미션(Mission) 즉 모든 상하고 허물어진 것들을 그리스도의 권위로 회복시키는 사명을 수행해야 하는 것이다. 22절은 분명히 선언하고 있다. 이 모든 일을 행함에 있어 중요한 것은 '성령의 임재와 능력'이라고. 예수의 영이신 성령이 있어야 온전한 회복과 변혁의 사역이 가능하다.

한 영혼을 얻는 것

앞서 5장에서 디모데후서 3장 1~5절을 다루며 '마지막 때에 벌어지는 현상'에 대해 나눴다. 자기를 사랑하고, 돈을 사랑하고, 자랑하며 교만하고, 비방하며 모함하고, 절제하지 못하며, 배신하며, 쾌락을 사랑하며 등 많은 내용이 있었다. 여기에 한 장을 넘겨 디모데후서 4장을 보면 사도 바울이 '마지막 때에 디모데를 포함한 우리 모든 성도들이 집중해야 할 일'에 대해 나누고 있다.

[1] 하나님 앞과 살아 있는 자와 죽은 자를 심판하실 그리스도 예수 앞에서 그가 나타나실 것과 그의 나라를 두고 엄히 명하

노니 2 너는 말씀을 전파하라 때를 얻든지 못 얻든지 항상 힘 쓰라 범사에 오래 참음과 가르침으로 경책하며 경계하며 권하라 3 때가 이르리니 사람이 바른 교훈을 받지 아니하며 귀가 가려워서 자기의 사욕을 따를 스승을 많이 두고 4 또 그 귀를 진리에서 돌이켜 허탄한 이야기를 따르리라 5 그러나 너는 모든 일에 신중하여 고난을 받으며 전도자의 일을 하며 네 직무를 다하라 _디모데후서 4장 1~5절

크리스천 라이프 스타일의 핵심은 어느 때든지 말씀을 전파하는 것이요 전도자로서의 사명을 다하는 것이다. 케이프타운 선언문(부록 5-2)이 타 종교인들 앞에서 '좋은 이웃'으로 살아감을 말하고 크리스천의 삶의 방식으로서 '사랑과 선의와 환대'를 언급했지만, 우리의 부르심과 목적은 여기서 끝나지 않는다. 하나님에게서 멀어진 한 영혼을 놓고 복음을 전하고 그리스도께로 돌이키는 일로 결론 나야 한다. 마지막 때에 많은 이들이 복음에서 떠나가고 욕심과 충동에 사로잡힐지라도 우리가 진정 추구할 일은 한 영혼을 얻는 것이다.

브리스길라와 아굴라 부부

비즈니스 세계를 떠돌며 자신에게 주어진 상황에 굴복하지 않고 묵묵히 선교적 삶을 살아간 이들 가운데 '브리스길라와 아

굴라 부부'가 있다. 이들 부부의 이름은 신약성경에 총 6번 언급되는데, 대표적으로 사도행전 18장, 로마서 16장, 고린도전서 16장이 있다. 이들 부부의 이름은 각각 아주 짧게 언급된다. 그러나 이들의 존재감은 강력하다. 이들이 살아온 이야기를 모아 하나의 스토리라인으로 이어 놓으면 지금 이 시대를 살아가는 우리에게 귀한 교훈이 된다. 이하는 사도행전 18장 1~3절 본문이다.

> [1] 그 후에 바울이 아덴을 떠나 고린도에 이르러 [2] 아굴라라 하는 본도에서 난 유대인 한 사람을 만나니 글라우디오가 모든 유대인을 명하여 로마에서 떠나라 한 고로 그가 그 아내 브리스길라와 함께 이달리야로부터 새로 온지라 바울이 그들에게 가매 [3] 생업이 같으므로 함께 살며 일을 하니 그 생업은 천막을 만드는 것이더라 _사도행전 18장 1~3절

브리스길라와 아굴라 부부의 이야기는 주후 49년의 '클라우디오 황제의 칙령'으로부터 시작된다. 당시 로마 지경 안에서 정통 유대인들과 그리스도를 영접한 유대인들 사이의 갈등이 격화되었고, 이를 지켜보던 로마 황제는 "모든 유대인들은 로마에서 나가라!"라고 선포한다. 이들 부부도 이 칙령으로 인해 추방된 대상자들이다.

모르긴 몰라도 이들 부부에게는 무척 난데없고 당황스러운

상황이었을 것이다. 본래 로마에서 자기들만의 비즈니스를 가지고 있었을 테고, 일터를 잃는 것은 물론이고 집과 소유물에 있어서도 피해가 이만저만이 아니었을 것이다. 인생에 있어서 매우 급작스럽고도 불가항력적인 일이 벌어진 것이다. 적어도 이때만 해도 이들은 몰랐을 것이다. 이러한 안타까운 상황이 이후 초대교회 선교 역사에 하나의 큰 획을 긋는 일들로 이 부부를 이끌 것이라는 것을.

브리스길라와 아굴라 부부는 로마에서 추방되어 고린도에 정착한다. 고린도에서 사도 바울을 만나고 또 함께 동역하게 된다. 바울이 이들 부부를 전도한 것 같진 않다. 추측컨대 이들 부부는 진작부터 복음을 받아들인 상태였고 신앙이 꽤 성숙했을 것이다. 이들 부부가 얼마 후 에베소로 옮겨 아볼로를 양육하여 그가 교회 지도자로 성장하는 것에 결정적인 기여를 했던 것만 봐도 그렇다.

인간의 눈으로 볼 땐 난데없는 추방이요 크나큰 손실이었지만 그 이후 이들 부부가 가는 곳곳마다 교회들이 개척되고 또 힘을 얻는다. 고린도교회, 에베소교회, 그리고 로마교회. 겉으로는 로마 황제와 자본이 다스리는 세상 같지만, 강력한 자본과 문화가 다스리는 세상 같지만, 그리고 난데없이 닥친 일로 잠시잠깐 놀라고 당황하기도 했지만, 실상 우리 하나님께서는 세상 곳곳에서 그분의 나라를 넓혀 가시며 그분의 선교를 수행하고 계셨다. 브리스길라와 아굴라 부부를 통해서 말이다. 우리 크리스천의 인생과 사역도, 늘 그렇다.

늘 한결같은 하나님의 섭리

브리스길라와 아굴라 부부의 이야기는 내게 많은 영감을 주고 위로를 준다. 이 부부처럼 우리 성도들 역시 인생을 사는 동안 종종 어이없는 일을 당하고 난데없는 일을 당할 수 있다. 가끔 섭섭한 마음에 "주님, 제가 뭘 잘못했어요? 교회 봉사도 누구보다 열심히 하고 헌금도 최선을 다해 하고 틈틈이 남도 많이 도왔는데, 제게 왜 이러세요?"라고 기도하는 이들도 있다. 사람이니까 그럴 수 있다.

잠시 잠깐 그럴지라도, 우리는 이내 복음을 아는 자답게 '하나님의 통치' 가운데 살아가는 '하나님 나라 백성'이라는 것을 기억해야 한다. 그 통치를 믿는 자답게 우리의 일상을 다잡을 필요가 있다. 우리는 '경륜'이라는 단어, '섭리'라는 단어, '통치'라는 단어 속에 살아가는 사람들이기 때문이다.

우리 삶의 별의별 일들이 벌어질지라도 중요한 것은 우리가 모종의 부정적인 사건 사고 그 자체에 매몰되지 않는 것이다. 이에 매몰되어 한 번 자기 연민과 피해의식에 빠지게 되면 다른 누군가를 탓하느라 시간을 보내고 하나님께 삐진 채 시간을 허비하게 된다. 하나님은 다음 단계를 준비하며 기다리시는데 정작 그 자신은 '나'와 '내 문제'라는 수렁에서 나오지 못한 채 하나님의 선교에 동참하지 못한다.

중요한 것은 빨리 'Move-on' 하는 것이다. 그것이 하나님 안에서 보다 성장적이고 발전적인 선택이다. 그런 관점에서 브리스길라와 아굴라 부부의 여정을 보면 참으로 순적해 보인다. 불의의 어려움을 겪었지만 로마를 떠나 에베소와 고린도를 거쳐 다시 로마로 돌아오기까지 모든 과정이 물 흐르듯이 자연스러워 보인다. 로마서 16장 3~5절은 이 사실을 매우 묵직하게 보여 준다.

> 3 너희는 그리스도 예수 안에서 나의 동역자들인 브리스가와 아굴라에게 문안하라 4 그들은 내 목숨을 위하여 자기들의 목까지도 내놓았나니 나뿐 아니라 이방인의 모든 교회도 그들에게 감사하느니라 5 또 저의 집에 있는 교회에도 문안하라 내가 사랑하는 에배네도에게 문안하라 그는 아시아에서 그리스도께 처음 맺은 열매니라 _로마서 16장 3~5절

브리스길라와 아굴라 부부는 비즈니스 세계를 살아가면서도 묵묵히 하나님의 통치를 받으며 살아간 사람들이다. 하나님 나라 백성으로서의 사명을 다한 이들이다. 그러면서 우리로 하여금 '성도의 삶에는 여전히 하나님의 섭리가 작동하고 있다'는 사실을 생각하게 한다. 또 우리 삶을 할퀴고 지나가는 부정적인 사건 사고 그 자체에 매몰되지 않은 채 오히려 우리가 하나

복음, 시장 한복판에 서다

님의 새 일, 하나님의 탁월한 역사를 사모할 때 우리의 상상을 뛰어넘는 창조적이고 혁신적인 일들이 삶 가운데 일어날 수 있다는 사실을 생각하게 한다.

그리고 우리 주변에 정치, 경제, 외교, 안보, 사회, 문화 등의 다양한 상황과 이들 각각을 움직이는 실세들이 있는 듯하지만 실상 하나님은 여전히 당신의 목적을 위해 부지런히 일하시고 특히 그 목적을 위해 작고 작은 나를 기억하시며 나를 사용하신다는 사실을 생각하게 한다. 성도 된 우리에게 이보다 더 큰 위로와 격려가 또 있을까.

사도행전의 삶을 사는 우리

사도행전은 '복음이 세상 가운데 퍼져 나가는 과정'을 다룬 책이다. 예수로부터 시작된 복음 그 하나님의 나라가 그의 십자가, 부활, 승천 이후 이제 본격적으로 세상 속으로 침투하고 공격하여 세상을 바꿔 나가는 과정을 담은 책이다.

복음이 확산되는 데 쓰임받은 이들은 얼핏 보면 베드로와 바울 정도만 보일 수 있지만, 실상 브리스길라와 아굴라 부부처럼 잠깐 등장한 이들도 있고 나아가 사도행전 어디에도 이름 없는(unknown, nameless) 기독교인들 역시 보이지 않는 영웅들이다. 성령께서는 베드로와 바울 그리고 무수한 익명의 선교사들 모두를 하나님의 선교에 요긴하게 사용하셨다.

나는 한국 교회 성도들이 지금 이 시대에 자본주의 시장경제 한복판에서 하나님의 생생한 살아 계심, 하나님의 생생한 역사하심을 경험하길 기도한다. 하나님이 주신 선교적 부르심을 가슴에 품고 묵묵히 '하나님 사랑 이웃 사랑'의 삶을 살아가는 크리스천 비즈니스 리더들처럼, 자본의 압력이 더욱 거세질지라도, 과학기술이 더욱 빠른 속도로 발전하여 우리의 삶을 흔들지라도, 대중문화에 많은 이들이 몸과 정신을 빼앗길지라도 이러한 시대 조류를 초월하는 사도행전적 삶을 살길 바란다.

한국 교회 선교의 패러다임이 변하고 있다. 전에는 유명 목회자, 유명 선교사의 대규모 집회를 통해 회심이 일어나고 교회 성장이 일어났다면, 이제 비즈니스 세계 곳곳을 살아가는 이름 없는 예수의 찐(!) 제자들을 통해 다양한 형태의 유의미한 변화들이 일어나고 있다. 헌신된 이들이 변화된 세계관과 영향력, 라이프 스타일을 기초로 가정과 일터를 바꾸고 사회적, 경제적, 환경적 변혁을 일으키는 비즈니스 세계 속 익명의 선교사들의 시대인 것이다.

세상은 표면적으로 화려해 보이고 풍성해 보이지만 실제로 우울과 불안, 두려움, 좌절 등을 겪고, 회사의 대표, 중간관리자, 말단 직원, 유튜버, 연예인, 알바생 등 모든 이들이 내적 빈곤을 겪고 있다. 이때 복음을 아는 우리, 소망을 품고 있는 우리가 건강한 자아상, 건강한 세계관, 건강한 라이프 스타일을 보여 줄 수 있다면 얼마나 좋을까.

사람과 공동체를 섬기는
비즈니스

ㅂ대표는 2015년 이후로 7년째 동북아 F국에서 의류 생산업체를 경영하고 있다. 사업 초기 현지인 30명을 고용하며 시작했던 비즈니스가 비교적 빠르게 성장하면서 수 백 명 직원을 고용하게 되었다. F국은 점점 여성들의 경제 활동이 많아지고 있는 추세다. F국의 사회-경제 여건상 남자들보다 여자들이 할 수 있는 일들이 더 많아지면서 아기 엄마들이 시장에 나와 장사하거나 공장에 나와 일하는 경우가 많다. 문제는 엄마가 일을 함으로 인해서 아이 돌보기가 어려워진 것이다. 그래서 대부분의 젊은 부부는 아이를 하나씩 밖에 안 낳는 것이 당연시 되고 있다. 이미 낳은 아이도 탁아소나 유치원에 보내기 전까지는 할머니에게 맡길 수밖에 없는데 할머니가 없는 집은 아이를 돌봐 줄 이들을 찾는 것이 큰일이었다. 이런 사정을 알게 된 ㅂ대표는 새로 출산하는 여직원들을 배려하기 위해 6개월 육아휴직 제도를 만들었고, 휴직 기간 동안에는 월급의 절반을 지급했다. 그리고 6개월

후에는 회사에 다시 나와 일을 할 수 있도록 일자리를 보장해 주었다.

한번은 ㅂ대표의 시야에 아기를 업은 채 땀을 뻘뻘 흘리며 걸어오는 할머니가 들어온다. 회사 여직원의 어머니가 손주 젖을 먹이기 위해 점심시간에 맞추어 집에서부터 한 시간이 넘게 걸어온 것이다. 현지에서는 분유 값이 너무 비싸서 일반 주민들이 아기에게 분유를 먹이는 것은 매우 드물다. 그 할머니는 아기 엄마를 찾아 젖을 먹인 뒤 아기를 안고 또 한 시간을 넘게 걸어서 집으로 돌아갔다. 또 한번은 여직원의 네 살짜리 아기가 길거리에서 사고를 당했다. 집에 부모가 없는 상황 가운데 네 살짜리가 길에서 놀다가 변을 당한 것이다.

이를 계기로 ㅂ대표는 급하게 회사 안에 탁아 시설을 마련했다. 원래는 나중에 이익이 많이 나게 되면 멋지게 탁아소 건물을 지으려고 했지만 아쉬운 대로 창고로 쓰던 방 하나를 리모델링해서 아기들 방으로 개조했다. 남자 직원들과 함께 난방 시설을 설치하고, 화장실을 만들고, 바닥과 벽지를 새로 바르고 해서 일주일 만에 탁아소를 만들었다. 그리고 직원들에게 '회사에서 아기들 돌봐 줄 테니 걱정 말고 데리고 오라'고 광고를 했는데, 처음에는 정말로 맡길 데 없는 아기들 3명이 왔다. 당시 아이들을 보니, 영양 상태나 피부 상태가 별로 좋지 않았다. 그래서 ㅂ대표의 아내와 다른 팀원의 아내가 함께 아기들을 정성스레 돌봐 주었다.

아기들을 일주일에 두 번씩 따뜻한 물로 목욕을 시켜 주고, 매번 아이들에게 파우더를 발라 주고 기저귀를 채워 준다. 아기들의 건강 상태를 확인해 가며 영양가 있는 죽을 만들어 먹이고, 현지에서 구하기 어려운 과일도 함께 먹였다. 또 아기들이 아플 때는 그에 맞는 약들을 주어서 치료해 줬다.

아이들이 처음에 올 때보다 눈에 띄게 건강해졌다. 또한 아기들로 인해서 회사 분위기가 너무 좋아졌다. 점심시간이 되면 엄마들은 물론 직원들까지 귀여운 아기들 보러 탁아소로 달려가곤 했다. 그런 일들이 계속되다 보니 다른 아기 엄마들도 앞다투어 아기들을 데려오기 시작했고, 금방 10명이 넘는 아기들을 돌보게 되었다. ㅂ대표는 현지인 직원들 중 가장 나이가 많고 아기들을 좋아하는 직원을 전임으로 돌보게 했다.

하루는 현지인 현장 반장이 ㅂ대표에게 찾아와 고마움을 표현한다. "고맙습니다. 회사 운영도 어려울 텐데 이렇게까지 아이들을 돌봐 주셔서 감동이 됩니다. 저도 남편하고 둘째 낳는 것을 심각하게 의논하고 있습니다." 그래서 ㅂ대표는 "모두 다 회사에서 봐줄 테니까 마음 놓고 낳으라, 둘째뿐 아니라 셋째도 낳고 넷째도 낳으라"라고 했다. ㅂ대표는 지속가능한 기업 운영이라는 토대 위에 여러 가지 건강한 사내 복지 혜택을 제공하고 있다.

Business As Mission이란?

2004년 9월, 로잔운동의 Business As Mission 분과에서 작성한 〈BAM Manifesto〉에는 크리스천 비즈니스 리더들이 참고할 만한 보다 세부적인 정리가 담겨 있다. 이 매니페스토는 로잔운동이 그동안 발전시켜 온 총체적 선교 개념이 이제 비즈니스 선교 형태로 진일보 되어 잘 정리된 선언이라 평가받는다.

매니페스토의 1항부터 4항까지 내용을 요약하면 다음과 같다. 하나님께서 인간에게 '비즈니스를 포함하여 좋은 것들을 창조할 수 있는 능력을 주셨음'과, '예수께서 사람들의 영적, 육적 필요를 채워 주심으로 하나님의 사랑과 통치를 드러내셨듯이 우리 또한 비즈니스를 통해서 하나님의 부름을 받고 준비되고 있음'을 선언한다. 5항과 6항에서는 '복음이 개인과 공동체와 사회를 변화시킬 수 있는 힘을 갖고 있음'과, '빈곤과 실업이 만연한 복음을 알지 못하는 지역'에서 '비즈니스를 통한 총체적 변혁의 한 부분을 담당하여야' 함을 강조한다. 나아

가 7항, 8항, 9항에는 BAM에 관한 핵심 선언이 담겨 있다.[12]

> (7항) BUSINESS AS MISSION은 하나님 나라의 관점과 목적과 영향력을 가진 비즈니스를 의미한다. (8항) 우리는 영적, 경제적, 사회적 및 환경적 변혁이라는 네 가지 기본적 목표를 위해 일자리를 창출하는 비즈니스의 증가가 전 세계적으로 필요함을 인정한다. (9항) 우리는 교회가 비즈니스 자체와 결과를 통해서 전 세계의 필요들을 채워주고 시장 경제 가운데 하나님의 영광을 가져올 크리스천 사업가 커뮤니티라는 거대하고 그동안 충분히 활용되지 못했던 자원을 갖고 있다는 사실에 주목한다.

위의 내용에는 로잔운동이 총체적 선교 개념을 통해 추구해 온 (복음전도는 물론) 크리스천의 사회적 책임과 실제적 변혁을 지향하는 관점이 포함되어 있다. 이는, 복음이 단순히 한 개인의 영혼을 변화시킴을 넘어 지역사회와 공동체를 총체적으로 변혁시킬 힘을 갖고 있음을 선언하는 것이다. 비즈니스 영역의 크리스천들은 자신이 몸 담고 있는 일터 환경을 통해 실제적 변혁의 한 부분을 감당하라고 촉구한다.

---

12) BAM Menifesto의 전문은 IBA의 2017년 자료집 가운데 "선교적 삶의 지향, 낮은 곳을 향하는 BAM" (Mission Insight 9, 2017) 참고.

Chapter 7

크리스천 청년 세대를 세우다

아브라함 카이퍼의 '영역 주권'은 "인간 존재의 모든 영역에서 만물의 주권자이신 그리스도가 '내 것이다' 외치지 않으시는 곳은 하나도 없다"고 선언하고 있다. 영역 주권을 처음 접했던 대학 시절 당시 내가 느꼈던 감정은 '아멘'과 함께 따라오는 적극적인 동의가 아니었다. 울컥! 하며 버럭! 했다. 뭐랄까, 당시 내게 주어진 가정과 학교, 일터에 대한 아픔과 원망이 떠올랐고, 당시 대한민국 사회-경제 상황 그리고 지역 사회와 이웃의 안타까운 처지가 차례로 떠올랐다. 그리스도가 내 것이다 외치지 않는 곳이 하나도 없다는데 도대체 세상은 왜 이 모양 이 꼴인지 반감이 앞섰다.

20여 년이 흐른 지금은 자주 청소년, 대학생, 청년들 앞에서 영역 주권을 강의하고 있다. 강의 때마다 젊은 시절 나와 똑같이 반응하는 대학생, 청년들과 마주하게 된다. 과거의 나처럼 대놓고 반발하든, 실망하고 포기한 마음으로 빈정대든, 아니면 관심 없다는 듯 무심히 뒤돌아서든, 요즘 한국 교회 안팎의 청년 세대는 영역 주권 문장 앞에 '그렇다면 대체 지금 우리의 상황은 뭐란 말인가?'라는 감정을 숨기지 않는다.

이들에게는 먼 훗날 역사 저편에서 마주할 미래의 하나님 나라보다 당장 자신이 처한 상황이 더 심각하게 와닿을 것이다. 어른들끼리야 영역 주권의 한 줄을 두고 그들끼리 모여 "아멘! 역시 놀라운 한 줄이야"라고 할지 몰라도 청년 세대가 느끼는 것은 전혀 다르다.

정말이지 청소년, 대학생, 청년들 입장에서 이 시대는 참으로 살아가기 험악한 시대다. 자신들은 아무런 원인 제공을 하지 않았는데 세상을 보면 이미 사람과 사람이 반목하고 대립하고, 부익부 빈익빈 등 경제 양극화로 인해 사회 공동체는 분열하고 있음을 본다. 당장 인공지능 기술로 인해 자신의 알바 일자리가 날아가고, 나날이 천정부지로 오르는 주거 비용과 사무 공간 비용 등은 발붙일 곳이 없게 되었다. 뿐만 아니라, 환경 파괴와 자원 고갈, 기후 변화로 자신들이 인류의 마지막 세대가 될지 모른다는 엄청난 부담감을 가지고 있다.

그렇다면 지금의 젊은 세대를 양육할 때 우리는 이전과 다른 방식으로 접근해야 하지 않을까? 그들이 읽을 책을 만들 때 목차 구성도 바꾸고, 강의 할 때 키워드도 바꿔야 하지 않을까?

이들의 상황과 감성에 맞게.

건강한 신학을 가지고 있는가

어른들은 망가진 세상을 보며 불안과 긴장, 걱정, 두려움을 느끼는 청년 세대를 진지하게 대할 필요가 있다. 단순히 '믿음 없음'으로 치부한다면 어른 세대의 무례함이요 독선일 수도 있기 때문이다. 이 모든 일들을 벌인 것은 어른 세대가 아닌가.

물론, 사회·경제적으로 어려움을 겪는 것은 어른 세대도 마찬가지다. 성도들 개개인의 어려움도 그렇지만, 목사와 선교사들의 경우는 사뭇 심각하다. 당장 내 주변의 여러 목회자들이 '일하는 목사'로 살아가고 있음을 본다. 이제 목사들이 물가와 부동산 가격에 무지할 수 없을 정도로 어려운 사회 경제 상황은 한국 교회 목회 전반에 영향을 끼치고 있다.

선교지 현장에서 평생 "하나님이 우리 인생을 책임지신다", "주님이 우리의 복지"라고 믿어 온 백전노장 선교사들 역시 이러한 변화를 몸소 체감하고 있다. 은퇴 즈음에 코로나 시즌에 맞닥뜨려 한국에 들어와 보니 인구 절벽, 경제 양극화 현상, 교회 재정의 어려움, 한국 교회의 포스트크리스텐덤(post-christendom) 상황, 크리스천 청년들의 제도권 교회 이탈 등 갖가지 변화에 대해 혼란스럽고 당황스럽기만 했다.

이 같은 대혼란 속에서 한국 교회가 할 일은 무엇인가. 일부

지역 교회들이 적극적으로 청년들을 위한 일자리 창출이나 창업 지원 등 다양한 활동을 통해 이들의 삶의 질을 올려 주려고도 하고, 일부 목회자들은 직접 경제 불평등과 환경 문제를 개선하는 데 앞장서기도 한다. 이미 잘하고 있는 교회들, 분명히 있다. 다만, 지금 이 시점에 중요한 질문은 "한국교회의 신학은 과연 건강한가?"이다.

적어도 코로나 시즌에 한국 교회를 둘러싼 일련의 사건 사고 되돌아보면 '좋은 나무마다 아름다운 열매를 맺고, 못된 나무가 나쁜 열매를 맺는다'(마 7:17)는 예수의 말씀이 생각난다. 사회적인 물의를 일으켰던 한국교회 이름으로 양산된 나쁜 열매들을 보노라면, 과연 우리는 좋은 나무로서 존재해 왔는지 의문이다.

무엇이 건강한 신학일까? 이러한 질문은 현실적으로 우리 모두에게서 쉽지 않다. 성경 한 구절 해석만으로 수많은 기독교 교단과 교파의 입장이 달라지다 보니 그저 공감하고 그저 합의할 만한 신학을 만들기가 어렵기만 하다. 그럼에도 불구하고 근본적인 질문을 묻어 두지 말아야 한다. 계속해서 시행착오를 반복할 것이기 때문이다.

BAM으로 고등학생을 만나다

한국 교회 BAM 운동에 있어서 IBA는 10대 청소년 중에서도 고등학생에게 가장 힘을 쏟고 있다. 이들이 현재 BAM의 가치를 가장 적극적으로 흡수하는 연령대이기 때문이다. 어른들이 보기엔 별다른 생각 없이 무심해 보일지라도 마음속에는 저마다 미래의 진로와 삶의 방향성에 대한 고민이 많다. 드러내든 드러내지 않든 복잡다단한 세상에서 기댈 곳을 찾고 세상의 물결과 바람에 기대고픈 아이들의 심리 상태를 파악할 수 있었다. 특히 비즈니스화된 세상에서 우리 모두 상호작용을 하고 있음을 앞서 여러 번 언급했는데 청소년들 역시 이를 온몸으로 느끼고 있으며, 어떻게 살아야 할지를 구체적으로 고민하고 있었다.

지난 8년 넘게 IBA는 전국 기독대안학교 7곳에서 정기적인 한 학기 과정으로 〈청소년 BAM 스쿨〉을 진행해 왔다. 학교별 수업의 내용은 짧게 4주부터 길게 10주까지, 학교들마다 여러 테마의 커리큘럼이 준비되어 있다. BAM 수업을 듣는 학생 수가 60~70명인 학교가 있기도 하고, 12명 정도의 소그룹 단위에서도 이루어지고 있다. 한 학기 수업은 'BAM 세계관'과 '국내와 선교지의 BAM 기업 사례들' 그리고 '다가올 미래 이슈들'이 공통 주제로 자리 잡았다. 비즈니스 세계에서 예수의 제자로 어떻게 살아갈 것인가 라는 질문을 중심으로 꾸준히 수업을 진행해 왔다.

기독대안학교 청소년들로 하여금 돈, 노동, 일터, 시장을 선교적 관점으로 바라보도록 이끌고 지역 사회와 이웃을 섬기는 다양한 BAM 기업들을 접하게 하는 가운데, 스스로 지역 사회를 섬기는 나만의 비즈니스 모델을 구상하도록 이끈다. 특히, 다원화된 사회·경제 상황 속에 다문화 이주민, 탈북민 등 다양한 이웃들과 함께 어울려 살아가는 통일 시대 안목을 길러 준다. _〈BAM 수업의 취지와 목적〉 중에서

각 학교의 고등학생들은 앞서 다뤄 왔듯이 복음을 아는 자로서 지금의 다원화된 복잡한 사회·경제 양상 속에서 크리스천답게 살아가는 것을 이론으로 배우고, 또 여러 기업 대표들의 사례들을 보며 적용점을 찾는다.

이론 수업을 하는 동안, 아이들은 수업을 통해서 향후 비즈니스 세상에서 살아가기 위해 하나님 나라 백성으로서 내면화시켜야 할 다양한 개념, 즉 예수의 복음, 하나님 나라, 선교의 총체성, BAM 이론 등을 배운다. 이때 성경에 있는 창조 명령과 선교 명령, 일터와 신앙, 청지기 의식, 하나님 사랑과 이웃 사랑 등을 함께 다룬다.

기업 사례 수업은 모든 강의를 크리스천 기업 대표들이 직접 진행하는데, BAM 스쿨에서 가장 강조하는 수업이기도 하다. 기업 현장으로 찾아간 아이들은 대표의 직강을 듣는다.

기업 대표들 대부분 30대 중반에서 40대 초반인데, 수업을 이끄는 대표들의 공통점은, 비즈니스 업력도 충분하고 사업 아이템이 지금 이 시대 아이들에게 매력적이며, 동시에 아이들의 귀에 들릴 수 있는 언어를 구사할 수 있는 이들이다.

청소년들이 해당 기업 비즈니스 현장에서 대표의 강의를 듣는 것은 나름의 현장감을 느끼게 하고 싶기 때문이다. 청소년들에게는 생생한 교육 현장이 아닐 수 없다. 대표들마다 회사를 어떻게 창업했고 지금은 어떻게 운영되는지, 기업이 속한 비즈니스 업종과 영역의 동향과 트랜드는 어떤지, 지역 사회와 이웃에 어떤 선한 영향력을 끼치고 있는지, 기업 대표의 선교적 관점과 열정을 들으며 수업을 마친다. 신앙이란 '교회 건물 안'에 국한되는 것이 아니라는 점, 복음과 선교가 이렇게 '시장 한복판'에서 영리 비즈니스 형태로 구현된다는 점이 아이들에게는 매우 흥미롭게 다가가는 수업 현장이기도 하다.

수업을 듣는 고등학생들마다 자기 자신이 비즈니스 세계 한복판에 노출되어 있음을 잘 알고 있다. 그들 스스로 비즈니스 세계의 중요한 일부이고, 매 순간 상호작용을 하며 살고 있다는 나름의 정체성을 갖고 있다는 것이다. 단순히 게임을 위해 스마트폰을 활용하는 정도가 아니라, 스마트폰을 열고 게임 어플을 켤 때 나 자신을 중심으로 격렬한 비즈니스 상황이 벌어지기 시작한다는 것을 인지하고 있다. 동시에 나날이 발전하고 있는 과학기술, 여전히 반짝이는 대중문화, 자본이 폭주하는 일터에서 '세상 속 나의 위치'에 관해 지속적으로 관심이 많음을 발견하게 된다.

복음과 상황을 함께 다루다

고등학생들은 매주 A4 한 장의 과제물을 내게 보내는데, 과제물 내용의 절반은 직전 강의에 대한 소감이고, 나머지는 미래에 대한 적용과 성찰을 적는다. 한 주에 적게는 40편부터 많게는 100편이나 몰려드는 과제물을 읽으면서 사역자들에게 이런 질문을 하게 된다. "우리 지역 교회 주일학교 사역자들은 과연 이런 비즈니스 세계를 살아가는 아이들의 독특한 인식과 감성에 얼마만큼 탄력적으로 대응하며 양육하고 있을까?"

어쩌면 교회 목회자와 리더십은 우리 청소년을 그저 '애'로만 대하는 건 아닌지. 월요일부터 토요일까지 한 주 내내 무신론, 물질주의, 포스트모더니즘이 극에 달한 세상을 살아온 아이들 입장에서는 일요일 하루 강단에서 울려 퍼지는 설교 내용이 얼마나 와닿을 것인지를 질문할 수밖에 없다.

물론, 기존의 주일학교 커리큘럼은 여전히 필요하고 또 중요하다. 아이들에게 기도하는 법 가르치는 것도, 말씀 보는 법 가르치는 것도 중요하고, 또 방학 때마다 열리는 여름/겨울 수련회 참석도 중요하다. 하지만 교육이 '시대 상황'에 맞춰서 좀 더 확장될 필요가 있다. 복음(Text)만 이야기하는 것이 아닌 상황(context)도 다루면서 이들이 살아가는 시대와 세대 속 크리스천 라이프 스타일을 준비시켜야 하는 것이다.

수업에 대한 학생들의 반응

감사하게도, 한 학기 수업을 지나는 동안 아이들 가운데 변화가 일어난다. 1주차 수업이 시작할 때만 해도 각자 'BAM이 뭐야?', '별 거 있겠어?' 하며 느슨하게 임하더니 한두 주 지나면 수업을 대하는 자세가 바뀐다. 저마다 진지하게 임한다. 집중해서 강의를 듣기도 하고, 수업 과제물을 자기만의 관점으로 요약해서 소감을 적어 낸다. 기독대안학교들 대부분은 과제물 제출을 의무화하지 않는데, 아이들 스스로 BAM 수업 내용에 비춰 삶을 돌아보고 미래를 준비하고 다짐하는 글들을 제출하는 것이다.

학기 초반에는 아이들끼리 과제물 내용이 겹친다. 대략의 내용을 정리하면 다음과 같다. 기독대안학교 학생들이다 보니 매주 일요일마다 교회 예배에 착실히 나가고 있고, 대부분은 청소년부 임원으로나 찬양 팀 등으로 섬긴다. 이들의 부모들 또한 안수집사, 권사 등 교회 중직으로 신앙심이 투철해서 그런지 겉으로 보기에는 아이들에게 신앙적인 어려움은 전혀 없

어 보인다. 그러나 수업 2~3주 차에 접어들면서 '영적 밑바닥'
을 드러낸다.

"왜 예수를 믿어야 하는지 잘 모르겠어요." "지금이야 매주
교회에 나가고 찬양 팀도 하지만 대학에 가고 부모님으로부터
독립하면 교회에 다닐 생각이 없습니다." 아이들이 매주 제출
하는 과제물에 적힌 내용인데, 그 수가 적지 않다. 그 이유로는
이런 것들이 거론된다. "나중에 죽어서 갈 천국이 와닿지 않습
니다." "복음이 나의 일상과 무슨 연관이 있는지 모르겠네요."
"세상에 이렇게 많고 많은 문제들이 있는데, 교회도 복음도 세
상과는 아무 상관없어 보여요." "주변에 본받고 싶을 만큼 의미
있게 사는 어른들이 없어요."

과제물에 이같이 적던 아이들은 5~6주 정도 수업을 하고 나
면 다른 사람이 되고, 복음과 선교에의 재헌신이 일어난다. "이
것이 복음이라면, 계속 신앙생활을 하겠습니다." "내가 믿어온
기독교 신앙은 망가진 세상, 아파하는 사람들에 무심하고 관계
가 없다고 생각하며 이질적이라 느꼈는데 복음이 이토록 교회
바깥의 문제들과 연계되어 있고 건강한 영향을 끼치고 있었다
니 속이 시원해지는 기분입니다." "수업 시간에 만난 기업 대표
님들처럼 세상의 결핍을 채우고 아픔을 감싸 안는 비즈니스 리
더가 되겠습니다." 감사한 고백들이다. 수업 몇 번만으로 청소
년들의 신앙에 다시 불이 붙는다는 건 기적이 아닐 수 없다.

감사한 일이다만, 사실상 기독대안학교 학생들이라면 전국

에서 손꼽을 정도로 내놓을 만한 크리스천 청소년들일 텐데 그런 아이들의 수준이 이 정도인데, 나머지 청소년들의 신앙은 어떨까 하는 생각도 든다. 아이들 대부분이 BAM 수업을 통해 고민에 대한 답을 찾음이 감사하긴 한데, 여전히 묻고 싶은 것이 있다. 지역 교회 부서 목회자들, 교사들은 아이들의 이런 고민이나 상태를 알기나 할까?

강조점: 하나님 나라의 현재

청소년을 비롯하여 대학생, 청년들이 복음에 대해 오해하는 지점은 한결같다. '예수 믿으면 죽어서 천국에 갈 수 있다' 정도로 받아들이고 있다. 하나님 나라의 미래적 측면은 여전히 중요하고 구원의 주요한 축이다. 다만 그것에만 머문다면 그래서 '구원은 그저 따 놓은 당상' 같은 안일한 삶에 안주한다면 자칫 이 세상에서의 삶이 이웃들과는 동떨어진 삶이거나 윤리적, 도덕적 동인을 상실한 채 살아갈지도 모른다.

세월호 사건이 터졌던 2014년, 구원파 일당이 그렇게 엄청난 사건을 저지르고도 일말의 죄책감도 없이 '마땅히 내가 할 일을 했다', '이 모든 것은 내 구원 여정의 일부'라고 고백할 때 우리 모두에게 전해진 충격은 이루 말할 수 없었다. 그들에게 있어서 구원은 이미 따 놓은 당상이고, 조직이 시킨 일 자체가 자기 구원을 확증하는 징표였기에 어쩌면 '그들의 세계관'에서는 태연한 표정, 무책임한 반응이 당연한 것일지도 모른다. 한편 이 시대 기독교인들 역시 '신앙 따로, 삶 따로'의 일상을 반복하는 건 아닌지 매일 또는 자주 점검해야 한다. 뉴스에 등장하는 기독교인들의 사건 사고 대부분은 신앙과 일상이 이분화된 경우가 유독 많다.

얼마 전, 기독교 대학의 교목실장과 긴 시간 대화한 적 있다. 대학 내 크리스천 비율이 90%에 육박하고 그중 40%가 목회자 자녀, 선교사 자녀인데도 적지 않은 학생들이 별다른 거리낌 없이 윤리적, 도덕적 일탈을 반복하고 있다는 이야기였다. '너도 장로님 딸, 나도 권사님 아들', '너도 목사님 아들, 나도 선교사님 딸' 하는 분위기가 그들에게 마치 면죄부를 쥐어 준 것처럼, 뒤에서는 음란하고 황당한 일상을 반복하면서 앞에서는 찬양 인도도 하고 양육사역을 감당하고 있다고 한다. 교목실장이 너무나 비통해하고 있었다.

이는 크리스천으로서 성도들이 일말의 책임감과 사명 의식 없이 살아갈 때 얼마든지 벌어질 수 있는 일이다. 보다 근본적으로는 하나님 나라의 현재성에 대한 긴장감이 부재할 때 일어나는 일이다. 기독대안학교 청소년이 매주 제출하는 과제물을 읽으면서 '지역 교회 차원에서 이 아이들에게 건강한 신학·신앙 교육이 이뤄지고 있는 걸까?' 하는 의구심이 들었다.

우리 에너지의 근원

앞서 강조했듯이, 하나님 나라의 현재성은 '지금 여기에서 하나님 나라 백성다운 삶'이라는 측면에서 모든 크리스천들의 윤리적, 도덕적인 동인이 된다. 동시에 크리스천들로 하여금 우리네 일상의 변혁에 대한 크나큰 에너지를 공급한다.

예수께서 "천국은 마치" 하시며 하나님 나라의 어떠함을 설명하실 때, 그래서 천국이 '누룩' 같고 '겨자씨 나무' 같다고 하실 때, 그 나라가 확산되는 중심이자 주체는 예수의 제자들이었다. 복음을 담지한 예수의 제자요 하나님 나라 백성들의 입장에서, 가장 먼저 이뤄지는 것은 자기 자신의 영적 변화요 전인적인 변화다. 하나님 나라를 품은 그 사람으로 인해 그의 가정과 일터가 바뀌며, 그렇게 변화된 사람들로 인해 사회, 환경, 경제 등 총체적 변혁이 일어나는 것이다.

이것이 앞서 소개한 국내외 크리스천 비즈니스 리더들의 변혁 이야기다. 복음을 담지한 사람은 그래서 복음의 넘쳐남을 경험한 사람은, 그가 국내든 해외든 어떤 상황 가운데 있든 그 복음의 경험이 자신만으로 그칠 수 없고 자신만으로 그쳐서도 안 된다는 신념을 갖게 마련이다. 복음을 경험한 사람의 삶을 통한 복음 증거와 변혁의 확산은 자연스러운 현상이다. 동시에 부르심이요 명령이다.

고등학생들이 BAM 수업을 거치며 "목사님, 여기 기업 대표님들처럼 '비즈니스 세계 속에서 선교적 삶'을 살겠습니다"라고 결단하는 포인트, 그 중심에는 바로 하나님 나라의 현재성이 있다. 아직 어리고 미숙해 보이지만 이들이 보고 감명받는 부분은 복음이 그저 교회 건물 안에만 작동하는 것이 아닌 자본이 주인처럼 작동하는 비즈니스 세계 한복판에서 지금도 강력한 힘을 발휘하고 있는 것이다. 날마다 하나님 나라 백성답게 살아 내는 비즈니스 리더들이 있으며, 그들이 세상에서 대충대충 꾸역꾸역 사는 것이 아니라 날마다 반듯하고 성실한 선교적 삶을 통해 주변 사람들의 인정, 존경, 칭찬을 받으며 살고 있다는 부분이다.

요약하자면, 고등학생들은 '과정의 가치'를 구현하면서 '실제적 변혁'을 이루고 싶고, '남다른 라이프 스타일'을 살고 싶은 것이다. 이 수업에 강사로 뛰어든 비즈니스 리더에게서 이런 요소들을 발견한 아이들이 "이게 크리스천의 삶이라면 선택하겠습니다"라고 선언하는 것이다.

복음을 삶으로 보여 줄 증인

우리가 청년 세대들에게 전수할 복음의 본질은 간단하다. '예수의 복음과 하나님 나라는 그저 교회 건물 안에 갇혀 그 안에서만 이야기되는 것이 아닌 세상에서 활발하고 역동적으로 움직이는 것임'을, '시대 유행과 세대 성향이라는 강력한 장벽

조차 뚫어 낼 능력이 있음'을 가시적이고 실제적인 증거를 통해 보여 줄 필요가 있다.

그저 매번 "넌 왜 일요일 아침에 일찍 못 일어나니?", "오늘 아침, 큐티는 했니?", "예배에 늦지 마라", "교회 봉사 좀 해라" 수준을 넘어서 말이다. 함께 생각해 보자. 지역 교회 목회자들도 주일학교 교사들도 그리고 젊은 학부모들도 우리 젊은 세대들에게 '하나님 나라 현재성' 차원에서 어떤 일상을 보여 주고 있는지. 말로 가르치는 것 말고, 삶으로 본을 보여 주는 것 말이다. 바로 이 일을 위해 '증인들'이 필요하다.

기독대안학교 청소년 BAM 수업 때마다 비즈니스 리더들이 수업 때마다 강사로 섬기며 고등학생들 앞에서 기업 현장과 삶의 면면을 고백했듯이, 지역 교회와 가정에도 이러한 증인들이 필요하다. 그 역할은 우리 부모님과 주일학교 소그룹 선생님들이 감당해야 한다. 아이들의 신앙 교육을 부서 교역자들 특히 설교자들에게만 맡겨 놓던 것은 먼 옛날 일이다. 이제 아이들이 교회에서 머무는 시간이 현격하게 줄어들었고 교회 사역자들의 영향력 역시 제한적이다. 일요일에 딱 한 시간 예배에 울려 퍼지는 설교에만 아이들의 영성을 맡길 수는 없는 노릇이다.

변혁에 목마른 세대

나는 기독대안학교 수업을 8년 넘게 진행하며 지금의 청년 세대들이 '변혁'이라는 키워드에 목말라하고 있음에 주목한다. 이유는 의외로 단순하다. 눈에 띄는 가시적인 변혁이 일어나지 않는 이상 이들에게 밝은 미래가 없기 때문이다.

한국 사회·경제 상황만 봐도 왜 젊은 세대들이 하루하루 뼈 빠지게 알바해서 소중하게 모은 돈을, 고작 단 한 번의 해외여행에 몽땅 다 써버리는지 이해가 된다. 부모 세대와는 달리 이들에게는 차곡차곡 모아서 집을 살 수 있는 중장기적 비전이 없기 때문이다. 알뜰살뜰 모으기보다는 차라리 지금 당장의 소소한 쾌락을 누리는 것이 안타깝지만 지금 이 시대 청년들의 일상이요 라이프 스타일이다.

한편 자연환경은 이미 망가질 대로 망가져 있다. 동식물의 멸종, 지구온난화, 열돔 현상 등은 순전히 앞선 세대들이 저질러 놓은 일이다. 청년 세대 나름대로 '친환경이다', '업사이클링이다' 하며 착한 생태계를 만드는 일에 애쓰고 있지만, 이들 마음 한구석에는 실제적인 변혁에 대한 갈망이 있고, 어른들이 변혁에 대한 자신의 열망을 알아주기를 바라는 마음이 있다.

그러다 보니 청소년 BAM 수업을 거치는 동안 어느 순간부터 교육 프로그램의 최전면에 '변혁'이란 키워드를 내세우게 되었다. '복음은 힘이 세다', '하나님 나라와 변혁의 리더십', '비즈니스 세계 속 변혁의 청지기' 같은 것들이 그것이다. 모든 강의와 수업에는 복음으로 인해 한 사람(비즈니스 리더)이 바뀌는 이야기가 포함되어 있다. 그리고 그 한 사람의 전인적 변화로 인해 사회, 환경, 경제 등 총체적 변혁이 일어나고 있음을 접하게 한다.

실제로 그 과정을 몸소 살아온 선배 크리스천들의 증언을 들을 때 아이들은 제대로 공감한다. '아, 어른들이 우리와 함께 고민하고 있구나.' '내가 찾고 있던 탁월한 라이프 스타일과 실제적인 삶의 과정이 바로 이 복음 안에 있구나.' 혼돈의 시대를 살아가는 젊은 세대 앞에 바로 이 '변혁'이란 키워드. 한국 교회가 젊은 세대와 함께 공유할 수 있는 대표 키워드다.

부모의 삶으로 전수하는 하나님 나라

최근에 주일학교 소그룹 교재를 보며 한숨을 쉰 적이 있다. 뭔가 혁신적인 내용을 기대했던 건 아니었지만, 아이들에게 이런 내용이 무슨 상관이란 말인가? 하는 의문이 들었다. 이것을 현실에 적용할 수 있단 말인가? 예수님은 누구이신가? 하나님 나라란 무엇인가? 같은 질문은 글과 지식만으로 학습할 수 있다지만 삶으로는 전달될 틈을 주지 않는다. 주일학교 소그룹 선생님들의 일상만으로도 충분하고, 소그룹 선생님의 믿음이 일상이나 세상에서 어떻게 부딪히는지, 그 치열한 현장을 나누는 것만으로도 아이들에게 좋은 도전이 될 텐데 말이다.

교사와 아이들이 각자의 일상을 공유하며 복음을 아는 자로서의 남다른 과정의 가치, 변혁의 일상, 건강한 라이프 스타일

같은 것들을 나눌 여지가 별로 없어 보였다. 가정에서는 부모의 역할이 중요하다. 자녀에게 "성경 몇 장 읽었니?", "예배 늦겠다. 아직도 안 일어났니?", "잠들기 전에 기도했니?" 같은 기본 가이드라인도 중요하지만, 아빠와 엄마가 일상에서 경험하는 하나님 나라 이야기를 공유함이 더더욱 중요하다.

나와 아내 역시, 아들이 어릴 때부터 그 앞에서 각자가 시장 한복판에서 경험하는 하나님 이야기를 자주 나눴다. 의식적으로든 무의식적으로든 아빠가 일상에서 경험하는 하나님 그분의 살아 계심과 역사하심, 엄마가 일상에서 경험하는 하나님 그분의 살아 계심과 역사하심을 아이가 함께하는 자리에서 아이를 앞에 두고 나눈다. 아이도 듣는다는 것을 알기에 나눈다. 그것이 벌써 18년째다.

그래서 그런지 아들은 초등학생 때도, 중학생 때도 고등학생 때도, 자신이 청소년기에 스스로 만들어 가는 신앙 여정과는 별도로 이미 하나님은 세상 속에서 강력한 분이시라는 것을 잘 알고 있고, '기독교 신앙은 삶으로 살아 내는 것'이라는 것도 잘 알고 있다. 부모의 역할이 매우 중요하다. 특히 어릴 때부터 아이에게 부모의 일상 영성을 보여 주는 것이 필요하다.

모든 것을 10년 앞당기다

코로나 팬데믹 시즌이 정신없이 지나갔다. 여기서 '정신없이'라는 표현은, 한 해 내내 무얼 어찌할지 몰라 전전긍긍하며 힘들어하는 모습을 뜻한다. 많은 이들이 공감할 것이다. 거리 두기가 좀 풀리나 싶으면 대유행에 돌입하고 또다시 좀 나아지나 싶으면 다시금 대유행에 돌입하는 패턴을 몇 번이나 반복했는지 모른다. 희망 고문처럼 말이다. 일련의 반복되는 상황들을 통해 많은 이들이 짧은 두 해 동안 '철저한 무력함'을 배우지 않았을까 추측해 본다.

이전만 해도 한국은 물론 글로벌 사회·경제 전반에 자본의 힘과 인간의 혈기가 난무했고, 그 결과 기업 활동뿐 아니라 교육, 의료 등 모든 영역이 브레이크 없는 광란의 폭주를 하던 중이었기에 이런 무력함은 나름의 가치가 있었다.

믿는 이들이건 믿지 않는 이들이건, 하던 일들을 내려놓고 그저 무기력하게 하늘을 올려다볼 수밖에 없는 상황을 겪은 적이 있었던가. 아무도 누구도 도무지 상상할 수 없던 장면들이었다. 누구도 멈출 수 없던 이 세상이 마치 거짓말처럼 멈춘 시기였다. 이제 사람과 사람의 거리두기가 끝나고 또 다른 시간이 흘렀다. 세계 곳곳은 다시 활기를 찾기도 하고, 아니 언제 그런 일이 있었냐는 듯이 모든 것이 원상복구된 채 예전과 다름없이 전력 질주하고 있다.

여기서 질문을 던져 본다. 코로나 시즌을 통해 한국 교회가 얻은 교훈이 있다면 무엇인가? 대재앙에 준하는 상황 속에 '무언가를 얻었다'는 표현이 적절한지 모르겠지만, 역사를 주관하

복음, 시장 한복판에 서다

시는 하나님을 믿는 우리 모두에게 유형으로든 무형으로든 그리고 긍정적으로든 부정적으로든 무언가 공적인 교훈으로 남는 것이 있어야 하지 않을까 생각이 든다. 적어도 국내외 사회·경제 분위기를 봐도 코로나19의 시초를 돌아보며 창조 세계와 자연환경 보전에 대한 경각심이 높아지는 모습, 백신에 대한 부익부 빈익빈 불균형 상황을 통해 개발도상국에 대한 관심이 증가되는 모습을 볼 수 있다. 스콧 갤러웨이는 그의 저서 『거대한 가속』을 통해 비즈니스, 대학 교육, 공공 시스템을 비롯한 "모든 것이 10년 앞당겨졌다"라고 평가하기도 했다.

세상 만물이 격변의 위기 속에 진지한 성찰을 하는 가운데, 믿는 이들의 경우 나름의 돌아봄 없이 이 모든 것을 그저 상처, 회한, 아픔으로만 점철된 시간으로 남겨 두는 것이 과연 맞을까 생각이 든다. 물론 세상사에는 우리 인간이 직접 해석할 수 있는 것이 있고, 해석할 수 없는 것들 그래서 역사가 끝나고 새 시대가 열리는 그날, 그분 앞에 직접 여쭐 영역도 있다는 것을 잘 알고 있다. 하지만 코로나 시즌을 거치며 우리가 '배운 것이 없다' 하기엔 이 시기에 한국 교회와 선교계가 겪었던 우리 기독교인들에 관한 사회적 이슈들이 너무나 많았다.

코로나 시즌이 끝났다고 해서 이러한 여러 면면을 죄다 덮어 두고 완전히 잊은 채 이후를 살아간다면 어떠할까. 하나님이 우리 한국 교회들로 하여금 '스스로 돌아보라' 그리고 '돌이키라'고 주신 마지막 기회를 발로 차는 격이 아닐까. 조심스레 묵상하게 된다. 이번에 나누려는 주제는 '시대와 세대의 흐름 속에 우리는 어떤 영성으로 살아갈 것인가?'에 관한 것이다.

비대면 상황에서 얻은 교훈

코로나 팬데믹이 시작되고 얼마 지나지 않아 목동 한사랑교회 황성수 담임목사는 내가 기획하고 진행하던 〈IBA 리더스포럼〉의 발표자로서 다음의 내용을 나눴다. "코로나 상황에서 반응해야 했던 첫 이슈는 비대면 예배에 대한 것이었습니다. 우리는 온라인 예배를 위한 기술적인 준비는 되어 있었으나, 심리적으로 혹은 신학적으로 성도와 목회자가 준비되어 있는지 확신이 없었습니다. 성경은 이 상황에 대해 무엇이라 하는가? 신앙의 선배들은 어떻게 했을까?"[13] 그러면서 담임목사를 위시한 교회 리더와 성도들이 이 주제에 관해 치밀하게 토론하고 나서 나름의 신학적 정리를 토대로 비대면 예배라는 형식을 받아들이기로 했다. 솔직한 고백이었다.

발표자의 나눔을 들으며 의문이 있었다. '한국 교회 가운데 유튜브와 ZOOM을 활용한 온라인 예배로 전환하는 과정 자체는 오케이! 그러나 과연 이처럼 거대한 변환을 신학적으로 정돈한 지역 교회와 목회자들이 있었을까? 황 목사와 한사랑교회

---

13) 이다니엘 외, "지금 여기, 선교의 시대", 서울 : VIVI2(2020), p. 74

성도들처럼 이 상황에 대해 신학적으로 학습하고 성찰하면서 실천하는 경우가 얼마나 될까?' 돌이켜 보면, 적잖은 교회들이 온라인 플랫폼을 이용하여 일요일 오전 예배를 진행하면서 신학적 기초를 설명하는 교회는 거의 없었다. 기껏해야 "여러분의 가정도 하나님이 계신 곳입니다", "온라인 예배에도 성령께서 함께하시며 감동을 주십니다" 정도로 회중들에게 던져주고 끝났던 것 같다.

목회적으로 볼 때, 비대면 예배 상황은 팬데믹이 가져온 전무후무한 상황이요, 이에 대한 신학적 기초를 그 어디에서도 배울 수 없었던 것이었다. 여전히 아쉬운 부분은 이러한 비대면 상황 속에 적잖은 교회 공동체들이 비대면 예배의 근거를 성찰하지 않고 지나갔다는 사실이다. 만약 그랬다면 비대면 예배의 근거를 제대로 조명하고 깊이 있게 성찰하면서, 기존의 예배 체계와 문화를 다시 재조명해야 할지도 모른다.

성전, 성직, 주일을 다시 생각하다

한국 교회는 교회 공간을 '성전'으로 정의하며 건물 중심으로 모여 왔고, 목사를 '성직'으로 정의하는 가운데 교회 사역의 중심이 되었으며, 일요일을 '주일'이라 부르는 가운데 상대적으로 월요일부터 토요일의 비중에 소홀했고, 십일조만 '구별된 헌금'으로 여기며 나머지 십의 구조를 우리에게 주신 청지기 사명에서 은연중에 배제하는 우를 범해 왔다. 이는 성속이원론 즉 거룩한 것과 속된 것을 나누는 한국 교회 내 오랜 습관에 기인한다. 그러다 느닷없이 닥친 비대면 상황이 한국 교회 기존 관습과 문화에 전면 도전한 것이 아닐까 생각해 본다.

이는 이전까지의 한국 교회 역사와 신학을 전면적으로 부정하고자 함이 아니다. 우리에게 이미 건강하고 숭고한 신학적 유산과 신앙의 전통이 있음은 명확한 사실이다. 다만 기독교 신앙이 한국 땅에 자리 잡으며 발생한 여러 현상들 가운데 '성과 속을 잘못 나눠온 관행'에 대해 성찰하고자 함이다.

정말로, 성속 이원론의 오랜 고리 잘못된 고리를 끊어야 할 때 끊어 내지 못한다면 이 아쉽고 답답한 유산까지도 다음 세대에 넘겨줘야 할지 모른다. '성'과 '속'을 잘못 나눈 채 우리가 제대로 싸워야 할 대상을 직시하지 못 하고 이에 대해 건강하게 토론하지 못하는 모습을 반복할지도 모른다.

전장이 크게 확장되다

30~40대가 지역 교회에서 겪는 어려움에는 '선교론의 변화'도 한몫하고 있다. 이들이 자라면서 지역 교회에서 배웠던 선교론은 '나가거나 보내거나'였다. 한국 교회는 오랜 기간 해외 선교에 부르심을 받은 특별한 누군가가 나가고, 여기 있는 남은 성도들은 그를 보내며 지원하는 것을 선교의 매커니즘으로

삼았다. 이는 여전히 필요한 것으로 지금도 많은 이들이 그들 각자의 부르심에 따라 해외 선교 현장으로 파송되고, 그들을 지원해야 할 책임이 있다. 이는 앞으로도 계속되어야 할 선교 방향이다.

그러나 지금은 한국 교회 선교의 전장이 크게 확장된 시대이다. 선교론으로 표현하자면 '가까이 가거나 멀리 가거나'의 시대다. 예전엔 '특별한 누군가'가 '해외 선교 현장'으로 나가는 것이 강조되었다면, 지금은 '우리 모두'가 '모든 곳'으로 파송받는 시대다. 실제로 IBA에서는 선교의 범주를 구분할 때 기존에 강조되었던 글로벌 선교를 포함하여, 이주민 선교, 통일 한국 선교, 일터 선교, 다음 세대 선교 등 다섯 개 범주로 나눠서 펼쳐간다. 여전히 글로벌 선교는 중요하고 강조점이지만, 한국 교회에게는 다른 네 개 항목도 중요한 선교의 아젠다다.

지금의 대한민국은 이주민 시대, 다문화 상황을 살아가고 있다. 한국 땅에 들어온 외국인 노동자, 유학생, 결혼 이주 여성, 탈북민 등 다양한 이방인들의 숫자가 벌써 250만 명이라는 통계를 본 적 있을 것이다. 코로나 시즌에는 그 숫자가 일시적으로 줄기도 했지만 다시금 국가 간의 경계가 느슨해지고 글로벌 이주 움직임이 다시 시작되면서 금세 기존의 기세를 회복한 모양세다.

이주민 시대, 다문화 상황

이주민의 증가는 대한민국의 어떠함과 상관없는 세계적인 추세이기에 이는 시간문제다. 학자들은 2030년 즈음엔 대한민국이 500만 이주민 시대에 돌입할 것이라 예측하기도 한다. 이미 인구 절벽에 당면한 한국 정부는 해외 이주민 유치와 이들의 정착에 힘을 쏟고 있고, 대학교들은 매 학기마다 중국, 베트남 등으로부터 해외 유학생을 유치하느라 분주하고, 작은 기업들은 외국인 노동자들로 노동 인력의 수를 채우며, 우리 사회 곳곳에는 결혼 이주 여성과 다문화 자녀들을 쉽게 마주할 수 있다.

최근 지방의 초등학교에서 한 반의 딱 한 명만 빼놓고 나머지 학생들이 다문화 가정의 자녀들로 채워졌다는 기사를 보면 이러한 흐름이 확 와닿는다. 그 가운데 우리에게 중요한 이슈는 '우리 옆에 다가온, 다양한 나라에서 온 다양한 문화 배경을 가진 이들과 어떻게 더불어 살아갈 것인가?'이다. 당장 TV 저녁 뉴스만 봐도 외국인 노동자들을 고용한 뒤 이들에게 급여와 복지 혜택에 있어 불평등한 대우를 하고 열악한 환경에서 근무하게 한 악덕 기업주들이 등장하여 대중의 공분을 사곤 한다.

수년 전 해외 난민들을 한국 땅에 들일 때 한국 사회가 이주민 문제 토론의 장이 되었다. 이러한 상황에 "복음은 과연 이주민, 나그네들에 대해 뭐라고 말할까?", "이들과 어떤 관계를 맺으며 살아감이 복음적이요 선교적일까?" 적잖은 30~40대 크리스천들이 뉴스를 보며 던지는 질문들이다.

일터 현장에서, 그리스도인답게

30~40대의 일터는 치열하다. 일터 가운데 돈의 논리가 우리 삶을 압도하고 있음을 보게 된다. 믿는 사람이든 안 믿는 사람이든 내가 만든 제품과 서비스가 누군가의 지갑을 열게 하기까지 정말로 치열한 자본주의 경쟁 사회의 매커니즘을 거쳐야 하는데 이를 위해 하루하루 살벌한 나날을 살아 내야 한다. 자본주의의 어두운 면까지 우리들의 일터 속에 그대로 적용되어 의사결정 과정, 재정집행 과정, 인간관계를 맺는 과정에 영향을 주도록 순순히 '허락'하고 '수용'하는 것이 과연 복음적일지 생각해 보아야 한다.

지금 이 시대에 일터 안에서 크리스천으로서의 정체성을 드러내고 크리스천으로서의 삶을 드러내는 것은 어려운 일이다. 일터 상황 속에서 크리스천은 숫자로서도 소수인 경우가 대부분이고, 그나마 크리스천들은 거래 관계에 있어서 자신의 신앙을 일부러든 무의식적으로든 숨기며 살게 된다. 여기에는 여러 가지 이유가 존재하겠지만, 지금처럼 우리 사회 안에 무신론이 급격하게 증가하고 한편으로 기독교에 대한 반감이 커지는 시즌은 더더욱 그렇다.

다원화 사회 속에서 우리 크리스천들은 일터 가운데 어떤 과정으로 어떤 형태의 유무형의 선교적 임팩트를 만들어 낼 것인가. 여전히 '나는 기독교인'이라고 말하며 정체성을 드러내는 것도 중요할 수 있지만, 어쩌면 그보다 진정 기독교인답게 살아감이 더 중요한 시대가 아닐까 생각해 본다.

우리의 생각과 마음은 어디에?

무엇보다 코로나 팬데믹 이후에 인공지능의 위력을 체감하고 있다. 코로나 시즌 이전만 해도 '4차 산업혁명 시대'라는 표현이 TV와 신문, 유튜브, SNS 등 미디어에 난무하는 가운데 한쪽에 있는 이들은 긴장감과 경각심을 갖고 이를 적극 수용하면서도 또 한쪽에서는 '이게 실제로 존재하기는 한 것인가'라는 질문을 던지기도 했다.

코로나 시즌을 지나면서 어느 순간부터 4차 산업혁명 시대라는 표현이 우리 주변에서 완전히 사라졌다. 4차 산업혁명 기술들이 이미 우리 삶 가운데 훅 들어와 버리면서 시대 명칭에 관한 언급과 논란들 역시 함께 사라져 버린 것이다. 나아가, 조만간 인공지능이란 단어도 사라질 것 같다. 우리 주변의 모든 것에 인공지능이 자동 탑재되며 오히려 '그다음 것'이 나와 우리에게 또 다른 충격을 안길 것으로 예상한다.

정말이지 불과 5년 전만 해도 TV 뉴스 화면을 보며 "우와

복음, 시장 한복판에 서다

~ 정말로 저런 일이!" 했던 일들이 우리의 현실이 되었다. 축구 경기장 대여섯 개 크기의 거대한 공장에 힘도 세고 머리도 좋은 로봇 일꾼들이 재빠르게 움직이는 모습, 택배 배달원들이 기업 AI 시스템의 철저한 통제 아래 1초도 쉴 틈 없이 노동하고, 매장의 키오스크와 로봇 종업원의 도입으로 인해 청년들의 일자리가 대체되고, 프로야구 경기가 끝난 뒤 AI가 스스로 하이라이트 동영상을 편집하여 야구팬들에게 제공하기도 한다. 이제 더 이상 낯설지 않다. 그 외에도 변호사와 의사가 하던 일, 기업의 중간관리자들이 하던 일들이 빠른 속도로 기계로 대체되고 있다. 최신 과학기술은 K-Culture로 불리는 대중문화와 폭발적인 시너지를 내며 글로벌 스케일로 확장되고 있다.

이러한 시대상 가운데 크리스천들은 생각과 마음을 어디에 둬야 할까? 앞서 '자본의 힘이 세졌다'는 표현을 여러 차례 썼지만, 향후 30년 아니 그 이후에도 계속해서 이런 양상은 더욱 가속화 될 것이다. 세상이 과학기술의 범람, 자본의 폭주, 인간 혈기의 난무로 귀결되는 상황 속에 물론 누군가는 이를 통해 성공을 맛보며 승승장구 기세등등의 삶을 살겠지만, 적잖은 전문가들의 말로 미뤄 볼 때 전 세계 인구 대부분은 부익부 빈익빈의 양극화 속에 '빈'의 상태에서 벗어나지 못할 것으로 예상된다.

다시 묻는다. 크리스천으로서 이러한 시대와 세대의 양상을 어떤 관점으로 봐야 할까? 크리스천으로서 고민하지 않고 살아간다면 또 긴장하지 않고 살아간다면, 우리 중 대부분은 자연스레 그저 돈이 이끄는 대로 그리고 많은 이들이 선택하는 대로 살아가지 않을까 생각해 본다.

청년 기업가의 고민

　IT 영역 비즈니스 현장에서 10년 가까이 일궈 온 30대 후반의 기업 대표와 한 시간 넘게 통화한 적 있다. 그는 진지하게 자신의 고민을 나눴다. "목사님, 비즈니스 현장을 부지런히 뛰며 꽤 오래 고민했던 건데, 하나님이 저의 비즈니스를 기뻐하실까요? 일요일에 교회에서 예배 드리고 형제자매들과 아웃리치 다닐 땐 마음이 참 평안했는데, 일터로 돌아오면 왠지 불결한 곳 같고 하루하루 살다가 최대한 빨리 벗어나야 할 것 같습니다. 비즈니스 과정에서 무슨 죄를 짓는 것도 아닌데 말이지요. 하나님이 이런 비즈니스 일상을 어떻게 생각하실지 궁금해요." 대충 이런 내용의 통화였다.

　청년 대표에게 긴 시간 격려와 조언을 해 주었지만, 그와의 통화는 내게 '무엇이 한국 교회의 문제일까?'에 관해 깊이 생각하게 만들었다. 무엇이 문제일까. 일터와 노동에 대한 관점일 것이다. 교회 안은 거룩하고 정결하고 교회 밖은 더럽고 속되다는 인식은 한국 교회 역사에 꽤 오랜 유물이라 할 수 있다.

　건물 교회 바깥에서 시장, 일터, 노동, 돈 등을 다루는 우리의 태도에 대해 고찰해 볼 필요가 있다. 이는 단순히 어떤 것은 거룩하고 어떤 것은 그렇지 않다는 '성과 속의 구별' 그 자체에 관해 뭐라 하는 것이 아니다. 질문은 이것이다. "과연 우리는 올바로 제대로 구별하고 있는가?" 여전히 꽤 많은 지역 교회 목회자들이 성도들이 하는 교회 밖의 영역에 대해 '세속'으로 표현하는 모습을 본다. 성도들조차 주일예배 대표기도 때 "더럽고 더러운 세상 속에서 죄를 짓다가 이 거룩한 자리에 온 우리들을 불쌍히 여겨 주옵소서"라고 기도하곤 한다. 이는 하나님의 거룩하심에 비해 자신을 극단적으로 낮춘 겸손의 표현이라기보다 성도들도 은연중에 '교회 밖 세상'을, '시장과 기업 활동'을, 그리고 '일터에서의 노동과 돈'을 저급한 무언가로 치부하는 것이 아닌가 하는 생각이 든다.

이러한 사고방식은 길고긴 세월 동안 우리로 하여금 많은 것들을 놓치게 만들었다. 성소로서의 성도들의 자리, 성직으로서의 성도들의 사명, 주님의 날로서 성도의 일상. 적지 않은 크리스천들이 교회 안과 밖의 이분법적 삶을 살게 된다. 극단적으로는 교회 안에서 모태신앙으로 자라고 교회 봉사도 많이 해오며 믿는 이들로부터 칭찬받을 만한 직장인으로 살아가지만, 실제로 그의 가정에서 일어나는 일은 하나님 나라 가치와 상반되는 경우들이 다반사이다.

신앙과 일상의 통합, 고개는 끄덕여지지만 이를 실제로 살아가기는 쉽지 않다. 복음을 아는 자로서 실제 그런 삶을 살아

내기로 치열하게 고민하고 치열하게 도전하며 치열하게 이겨 내려는 거룩한 근성을 발휘하기 전까지는 말이다.

성과 속을 다잡는 본문

우리 스스로 잘못 세워 놓은 성과 속의 경계를 다잡는 본문이 있다. 창세기 1장 31절은 "하나님이 지으신 그 모든 것을 보시니 보시기에 심히 좋았더라"라고 했고, 디모데전서 4장 4절은 "하나님께서 지으신 모든 것이 선하매 감사함으로 받으면 버릴 것이 없나니"라고 말씀하고 있다. 사도행전 10장 15절은 "하나님께서 깨끗하게 하신 것을 네가 속되다 하지 말라"라고 했다. 특히 사도행전 본문은 베드로가 어떤 것은 깨끗하고 어떤 것은 더럽다고 구분한 것을 주께서 직접 바로잡아 주시는 장면이다.

그러고 보면, "인간 존재의 모든 영역에서 만물의 주권자이신 그리스도가 '내 것이다' 외치지 않으시는 곳은 하나도 없다"라는 아브라함 카이퍼의 명언 역시 다시 보이기 시작한다. 하나님 나라와 그 선한 영향력이 점점 커지는 가운데 아직 회복되지 않은 곳, 아직 왜곡되고 뒤틀려 있는 곳이 있을지언정 하나님 백성들의 사명은 이러한 잃어버린 곳을 주의 이름으로 회복하고 아프고 무너져 있는 곳을 치유하는 일인 것이다. 애당초 주의 것이 아닌 것이 없고, 주의 것이 될 자격이 없는 이도

복음, 시장 한복판에 서다

없는 것이다.

일터와 노동에 관한 부분도 마찬가지다. 크리스천들이 일터 현장에서 노동에 임할 때 자신의 일터와 노동을 어떤 관점으로 바라보느냐는 중요하다. 건물 교회에서 일어나는 예배와 사역만 중요하다 여기는 가운데 일터와 노동의 가치를 평가절하 하는 일이 일어난다면 그만큼 아쉬운 일도 없다. 종종 교회 봉사에 열심인 분들 가운데 이런 태도를 가진 이들을 보게 된다. "왜 일을 하는가?" 물으면, "죄악 된 세상에서 그래도 살아 있기 위해 뭔가 해야 하니까 꾸역꾸역 살아가는 거지" 혹은 "처자식 먹여 살리려고 하는 거지"라고 답하곤 한다. 교회 밖에서는 억지로! 간신히! 살아가다가, 일요일 하루 교회 안에서 날아다니는 태도를 보인다. 지역 교회에 충성된 모습은 나름 보기 좋지만, 그들을 보면 왠지 모를 불편함이 느껴질 수밖에 없다.

노동을 누가 만드셨는가? 하나님이다(창 2:5, 15, 3:23). 하나님은 인간을 만드시기 이전부터 그분의 선한 뜻 아래 인간의 노동을 계획하셨다. 노동은 하나님의 선하신 창조 섭리의 주된 한 영역이다.

안타까운 점이 있다면 아담과 하와의 범죄 이후에 삶의 지경이 파괴되며 노동도, 결혼도, 안식도 다 파괴되었다는 것이다. 인간은 본질적으로 하나님과의 사귐을 잃게 되고, 인간의 악한 본성은 서로서로 가해하게 만들며 분쟁과 다툼, 전쟁이 일어나고, 인간 사회 안에 노동 환경이 왜곡되어 노동력 착취,

부당한 임금제도, 구조적인 고용 모순, 과중한 업무로 인한 스트레스, 일중독 등이 따라오며, 무분별한 난개발로 인한 자연 환경의 파괴, 기후 변화 등이 뒤따르게 되었다는 것이다.

크리스천이란 어떤 존재인가? '하나님의 창조', '인간의 타락', '그리스도로 말미암은 구속'의 역사에 대한 이해가 있는 이들로, 타락과 구속 사이에 우리 앞에 놓인 '회복'이라는 선교적 사명을 수행하는 자들이다. 혼돈과 결핍의 시대 아래 예수 그리스도의 부활 승리를 근거 삼아 자신의 가정과 일터에서 변혁의 과정을 수행하는 청지기들이다. 이러한 선교적 사명은 사도행전 시대에도, 21세기 비즈니스 상황에서 살고 있는 우리 모두에게도 동일하게 주어져 있다.

크리스천, GAME CHANGER

비대면 상황을 맛보게 해 주신 하나님께 드린다. 물론 코로나 팬데믹은 우리에게 많은 아픔, 절망, 상처를 준 시간이었지만, 동시에 자본주의 체제 아래 화려함과 규모, 속도를 뽐내며 마구잡이로 폭주하던 세상 모든 것을 일순간에 잠잠하게 했다. 세상 많은 이들로 하여금 잠시 멈춰서서 스스로 생각하게 했다. "도대체 무엇이 우리의 문제였을까?" "우리는 어떤 존재인가?" "어떤 방식으로 살아야 할까?" 물론 잠시 잠깐 멈췄던 세상 만물이 이제 다시 꿈틀대며, 오히려 이전보다 더욱 높은 차원

복음, 시장 한복판에 서다

으로 폭주를 하고 있음을 보고 있다. 이는 세상의 속성이요 생리라 할 수 있다.

우리 크리스천들은 이러한 환경과 상황 속에서 어떻게 살아야 할까? 이는 우리가 가진 세계관에 대한 질문이요 라이프 스타일에 대한 질문이기도 하다. 나는 우리 모두가 비즈니스 세계를 살아가는 하나님 나라의 백성으로서 무너진 창조의 섭리를 회복하는 '선교적 삶'을 살아가는 것을 주변 사람들에게 적극 장려하고 우리 스스로도 그렇게 살아야 할 것을 강권한다.

무엇이 선교적 삶인가? 자본, 기술, 문화의 힘이 세상은 물론 우리 성도들의 일상까지 모두 바꿔놓는 상황 속에서, 오히려 이러한 흐름을 적극적으로 거스르고 초월해 내는 것이 바로 지금 이 시대의 선교적 삶 아닐까. 또한 복음의 영향력이 상대적으로 약한 모든 영역에 우뚝 서서 복음을 아는 자답게 일상을 살아가며 우리 주변을 변혁시키는 것이 바로 지금 이 시대의 선교적 삶 아닐까. 그리고 보면, 크리스천은 본질적으로 'GAME CHANGER'와 같다. 기존의 흐름과 판도를 완전히 뒤바꿔 놓을 만한 중요한 역할을 하는 사람들 말이다.

사도행전 2장에 나오는 초대교회 성도들처럼, 우리 역시 세상 권력과 자본이 다스리는 시대에 그 아래서 순종하며 사는 것이 아닌 오히려 '성령의 패러다임' 가운데 우리 주변에 그늘져 있는 이들을 살피며 스스로 꼭 쥐고 있던 우리 손을 펴서 옆에 있는 이들과 필요에 따라 나누기 시작해야 할 것이다. 우리 교회 공동체를 섬기는 것도 여전히 너무 중요하지만, 월요일부터 토요일까지 펼쳐지는 시장 한복판에서 벌어지는 '하나님의 선교'에 동참하며 그분의 선교를 풀어내는 선교의 수행자(missional agent)로 살아감 또한 동일하게 중요하다. 우리 모두가 세상의 흐름을 거슬러 이 땅 가운데 하나님 나라가 임하는 데에 기여하는 GAME CHANGER로 살아가길 소망한다.

크리스천은 다르다. 일하는 동기(Motive)가 다르고 일하는 동력(Source)이 다르다. 열매 맺는 과정(Process)도 다르다. 보상에 대한 기대(Reward)도 다르다. 특히, 크리스천의 무기인 말씀을 기준 삼아 나 자신의 정체성을 확고히 해야 한다. 날마다 꾸준히 내 삶을 말씀 앞에 두고 성찰하며, 한편으로 세상의 아픔과 필요를 채워야 한다. 요한복음 20장 21절 말씀 "아버지께서 나를 보내신 것 같이 나도 너희를 보내노라"처럼, 선교적 존재로 보냄을 받은 우리 모두 그러한 삶의 원리를 고수해야 한다. 복음을 아는 자요 하나님 나라의 백성, 변혁의 청지기로서 하루하루 하나님을 사랑하며 예배하고 또 하루하루 그분이 내게 보내시는 이웃을 사랑하며 섬기는 일을 감당할 때, 청지기의 비유와 같이 "잘하였다 착한 종이여"라고 칭찬 듣는 우리가 될 것이다.

부의 선순환을 만드는
비즈니스

ㅅ대표는 대학에서 경영학을 전공했다. 재학 시절 친구들과 함께 "우리가 받은 달란트로 어떻게 다른 이들을 도울 수 있을까?"라는 질문을 하며 졸업과 동시에 선교지 창업을 준비한다. 창업 팀과 함께 기도하는 가운데 아프리카 G국에 주목했는데, G국은 1990년대 중반에 내전으로 인하여 동족끼리 인종학살이 벌어지고 그 사회 안에 가족과 친지, 친구를 잃은 이들이 많았던 곳이다. 현지에는 무슬림을 비롯한 미신자들이 있었고 과거 내전의 트라우마로 인해 사회 곳곳 많은 이들이 마음의 상처, 빈곤과 불신의 굴레 속에서 살고 있었다.

ㅅ대표와 창업 팀은 2012년 12월 현지에 들어가서 실제 비즈니스를 준비했고, 2013년 8월에 첫 번째 매장을 오픈한다. G국의 수도 안에 입지 좋은 곳에 공간을 렌트했고, 단기간에 사업의 질적 성장을 이루며 2014년 2월에는 현지 매거진에서 국가 전역 서비스 부문 대상으로 선정되고, 6월에는 유력 사이트의 레스토랑 랭킹 1위에 오른다. 기

업 활동의 지속가능성이 주변으로 인해 자연스레 검증된 셈이다.

ㅅ대표와 창업 팀이 세운 기업은 '부의 선순환'을 목표로 세워진 기업이다. G국 현지에 빈부의 격차가 만연했는데, 이들 창업 팀은 부유한 이들이 오고 다니는 도심 한복판에 부유층들을 대상으로 한 고가-고품질의 베이커리 카페를 세워 여기서 나오는 수익으로 일자리가 필요한 저소득층 주민들과 내전 피해자들을 고용하고 나아가 사회 서비스 차원에서 빈곤에 처한 이들에게 양질의 먹거리를 제공하는 것을 목표로 세운다.

실제로 이들이 G국 현지인 35명을 고용했고, 특히 내전 피해자들은 채용 과정에서 가산점을 부여했다. 부유층에게는 고가-고품질의 빵을 비싼 가격에 판매하면서도 지역 복지 기관들과 연계하여 날마다 어린이집, 유치원, 데이케어센터에 빵을 기부했다. 나아가 계란이나 파인애플 같은 식자재 원료를 구입함에 있어서 성실하고 정직한 지역 농가들과의 직거래를 통하여 불필요한 유통 과정을 개선하여 원가를 절감했고 그로 인해 농가들의 안정적인 소득 확보와 수입 증대를 도왔다. 매장 내에 지역의 영세한 예술가들의 미술품을 전시함을 통해 부유층들의 구매를 유도하여 실제로 그림이 팔릴 때 수익금 전액을 예술가들에게 전달했다. 이런 식으로 그들의 비즈니스를 '부의 선순환'의 장으로 만들었다.

ㅅ대표는 창업 후 일정 기간이 지나 팀원들 일부를 남긴 채 한국으로 돌아왔다. 원래 창업 초기부터 팀원들과 함께 '씨를 심어서 거기서 열리는 열매를 현지인 직원과 주민들이 먹고, 다시금 이들이 자라 다른 이들을 먹이는 구조를 만드는 것'을 목표로 삼았었다. 그래서 사업을 진행하는 동안 틈틈이 현지인 직원들에게 전문 기술 교육과 서비스 교육은 물론이고 경제관념과 기업가 정신을 교육하여 받은 월급을 차곡차곡 저축하게 하고 초기 자본을 활용하여 또 다른 비즈니스를 창업하는 법을 가르쳤었다. ㅅ대표는 한국에 돌아온 지 얼마 안 되어 그들의 창업 비전이 성취되었음을 알게 되었다.

시간이 좀 지나서, 현지인들은 ㅅ대표에게 "지금은 우리 스스로 비즈니스 오너가 되었다"라고 말하며, "나는 너희들을 통해 많이 성장했다. 그로 인해 내가 새로운 비즈니스를 시작을 하며 지금 이 길을 갈 수 있었다"라고 했다. 매장 매니저로 일하던 현지인은 물류 사업을 해서 소규모 상점을 열었다. 바리스타로 일하던 이는 커피 사업을 하는 손님 하나가 그를 두바이 매장으로 스카우트하여 데려갔다. 또 한 명은 비즈니스 경험을 발판 삼아 현재 G국에서 커피 비즈니스 스타트업을 운영하고 있다고 했다. ㅅ대표는 그들이 섬겼던 비즈니스가 현지인들을 섬기는 발판이 되어 이제 현지인들로 그들 생의 또 다른 시작점에 서게 했다는 것에 보람을 느꼈다.

BAM의 두 기둥

　　로잔운동이 총체적 선교 개념을 기초로 정리한 Business As Mission 개념은 두 가지 기본 개념 즉 '총체적 선교의 원칙'과 '킹덤 비즈니스'에 의해 구성된다. 이는 이 타락하고 망가진 세상을 두고 우리 크리스천들이 갖춰야 할 '회복적 세계관', '변혁의 청지기', '선교적 비즈니스 리더십' 등을 논할 때, 함께 맞물릴 수 있는 개념이다.

> BAM은 총체적 선교의 원칙을 기초로 한다.
> 총체적 선교는 삶과 신앙의 모든 면들이 유기적인 성경적 통일체가 되게 하려는 시도이다. 이것은 경제 발전, 고용과 실업, 경제 정의, 사람들 사이에서 천연자원과 창조적 자원의 사용과 분배와 같은 비즈니스에 관련된 주제들을 향한 하나님의 관심을 포함한다. BAM은 진정한 총체적 패러다임의 한 표현이다.

BAM에는 하나님 나라의 관점인 킹덤 비즈니스가 있다.
킹덤 비즈니스는 모든 크리스천들은 '네 마음을 다하고 목숨을 다하고 뜻을 다하여 주 너의 하나님을 사랑하고 네 이웃을 네 자신 같이 사랑하라'는 소명을 가지고 있다는 신학적 전제에서 출발한다. 하나님께서 백성들을 부르셔서 모든 유형의 선교와 선교 벤처에서 일하도록 하시는 것과 같이, 비즈니스 영역에서 하나님의 나라를 위하여 일하라고 백성을 부르신다.

한편 파타야포럼 당시 BAM 이슈 그룹을 이끌었고 LOP 59의 공동저자인 마츠 튜넥은 BAM을 다음과 같이 정리한다. "BAM은 지속 가능한 수익을 내는 실제 비즈니스인데, 하나님 나라의 목적과 관점과 영향력을 가지고 사람과 공동체의 영적, 경제적, 사회적, 환경적 변혁을 이끌어 내는 비즈니스이다."(Business as Mission is a real, viable, and sustainable business run by leadership who has the intention of reaching out people in relatively unreached area through business activities by bringing in holistic transformation - spiritual, economical, social, and environmental transformation to individuals and the community based on the kingdom values.)

우리는 어떻게 살 것인가

기적은 크리스천의 일상에 이미 존재한다. 이 책에서 반복했듯이 어느 순간 복음을 경험하고 성령 안에서 성품, 세계관, 리더십, 라이프 스타일 등이 전인적으로 변화되어, 자신에게 주어진 비즈니스 환경에서 복음을 계속해서 표현해 내는 예수의 제자들의 삶을 보면 정말로 그렇다. 이것은 예수 그리스도의 생전, 사도행전 시대에만 국한된 것이 아니라, 지금 21세기에도 여전히 진행되고 있는 일이다. 성령께서 사도행전을 계속쓰고 계신다. 지금 이 시대 크리스천들의 인생과 사역을 통해. 복음은 힘이 세다.

한편 세상을 둘러보며 자본의 힘이 막강해지고 과학기술이인간의 일상을 좌지우지하며 대중문화의 압력이 거세지는 모습 속에서 종종 하늘을 보며 되뇌곤 한다. '주님, 어디에 계십니까?' 지금도 살아 계시고 역사하시는 하나님이시란 건 잘 알고 있지만 물질세계의 현란함이 더해질수록 그리고 극으로 치닫을수록 '정신 차리지 않으면 한 방에 훅 가겠다' 싶다. 성도들도 그렇고, 목사와 선교사도 예외가 아니다.

그럴 때마다 종종 다니엘서를 묵상한다. 다니엘 1장 초반에서 '누가 진짜 역사의 왕인가?'라는 질문을 던진다. 요즘 더욱 까칠하게 다가온다. 누가 진짜 역사의 왕인가. 얼핏 보면 그 주어가 '왕이~', '환관장이~'로 되어 있지만, 그 땅에 있는 하나님의 백성 다니엘이 '뜻을 정할 때' 이후 그 모든 역사의 주어가 '하나님이~'로 바뀜을 보게 된다.

결국 하나님이다. 1장 후반으로 가면 '비교급'이 연속해서 등장한다. 다니엘과 세 친구의 "얼굴이 더욱 아름답고 살이 더욱 윤택하여 왕의 음식을 먹는 다른 소년들보다 더 좋아 보인지라"라고 했고, "지혜와 총명이 온 나라 박수와 술객보다 십 배나 나은 줄을 아니라"라고 한다. 하나님의 백성이 이방 땅에 있지만, 이방 역사 한복판에 있는 듯하지만, 하나님의 특별한 역사가 모든 상황과 환경을 압도한다. 특히 본문에 나오는 바벨론 왕궁의 환관장은 다니엘과 세 친구과 일정 시간을 동행하며 '그들의 특별함'을 확인하며 '그들의 라이프 스타일'을 인정한다.

비즈니스 세계로 점철된 '지금 여기, 우리'를 생각해 볼 때 참으로 많은 교훈을 주는 본문이다. 세상 권력이 시퍼렇게 살아 있는 현실 세계에서도 하나님의 통치가 여전히 계속되고 하

복음, 시장 한복판에 서다

나님의 선교가 여전히 진행되고 있다는 것, 복음의 영향력이 희박해 보이는 그 모든 땅에서도 하나님의 백성들이 하나님이 우리에게 바라시는 삶의 양식을 선택하며 담대하게 적극적으로 살아가기 시작할 때 그곳에 하나님의 권능과 주권이 드러나고 주변의 안 믿는 이들로부터도 그 경건한 영향력을 인정받게 된다는 것! 온 시대를 뒤덮고 온 열방을 아우르는 '하나님의 선교'에 있어 그 큰 그림과 작은 그림, 숲과 나무를 함께 보여 주는 장면이 아닐 수 없다.

앞서 다룬 사도행전 18장 2절에 나오는 브리스길라와 아굴라 이야기도 유사한 결을 가지고 있다. 부부의 인생 여정, 사역 여정은 우리로 '누가 진정한 역사의 주관자인가?', '크리스천은 어떠한 삶을 살아야 하는가?'라는 질문을 하게 한다.

이 책에 나오는 크리스천 리더, 복음을 아는 자들에게는 공통점이 있다.

첫째, 그들 모두 하나님 사랑에 대한 체험이 있어 그 사랑을 에너지원 삼아서 하루하루를 살아가는 모습이다. 둘째, 예수님이 부여하신 선교적 부르심(요 20:21)에 대한 명확한 자각이 있어 주님이 보내신 비즈니스 세계 곳곳에서 사명을 수행하는 모습이다. 셋째, 안 믿는 이들 속에서도 늘 '선이 있는 자'로서 살며 정직과 성실을 바탕으로 하나님이 요구하시는 윤리, 도덕, 질서, 원리 등을 살아 내는 모습이다. 마지막으로, 모두들 '하나님의 섭리'라는 단어를 놓치지 않았다. 그래서 세상 문화가 자신을 압도하려 할 때도 그리고 극심한 시련과 연단 속에 있음에도 진정 세상을 다스리시고 역사를 이끄시는 하나님을 신뢰하며 또 한 걸음을 내딛는 모습이다.

이 책을 읽는 독자도 비슷한 상황이 아닐까 조심스레 예상해 본다. 우리가 발 딛고 있는 곳 그 어느 한 곳도 만만한 곳이 없고, 그 땅은 모세가 살았던 광야이거나 여호수아가 직면했던 전쟁터 같을 수 있다. 그럼에도 불구하고 우리 모두는 "네가 선 곳은 거룩한 땅이니, 네 발에서 신을 벗으라"라고 하신 주님의 명령을 기억해야 한다. 우리가 밟고 있는 곳이 모세의 광야 같든 여호수아의 전쟁터 같든 중요한 것은 우리가 선 그곳이 '이미 주님의 땅'이요 '주님이 곧 우리를 통해 주권을 행사하시고 궁극적으로 승리를 이루실 곳'이라는 우리는 주님의 청지기로서 매순간 우리의 발에서 신을 벗으면 그 뿐이다.

아브라함 카이퍼가 말했던 것처럼 세상 어느 한 곳도 하나님의 선교에서 제외되는 곳이 없다. 그리스도의 주권에서 제외되는 곳이 없다. 적어도 이 책에 등장한 모든 비즈니스 리더들은 정말로 그랬다. 강성 무슬림으로 가득한 무슬림 국가에서, 유물론과 무신론이 가득한 사회주의 국가에서, 자본의 힘과 인간의 탐욕과 이기심이 극에 달한 대한민국 시장의 어느 구석에서 모두들 예배자요 선교적 수행자로 살았다. 복음의 불모지요 오히려 복음에 적대적인 곳에서 충분히 하나님 나라 백성의 적극적인 삶, 도전적인 삶을 통해 하나님의 통치를 확대하고 있음을 확인하게 했다. 수천 년 전 바벨론 땅에서나 해외 선교지 현장에서나 오늘 우리가 서 있는 비즈니스 상황에서도 선교적 본질은 변하지 않는다. 중요한 것은 나다. 여러분이다. 그리고 우리다.

그곳이 어디든
뜻을 정하여 굳건히 서 있는 하나님 나라 백성,
그 한 사람만 있다면.

여전히 생생하게 우리의 큰 역사를 움직이고 계신 주님. 그리고 작고 사소해 보이지만 크리스천 한 사람 또 한 사람을 사용하고 계신 주님. 나와 여러분이 오늘도 그분의 역사와 섭리 안에서 우리에게 주어진 몫을 살아 내길 기도한다.